BestMasters

Mit „BestMasters" zeichnet Springer die besten Masterarbeiten aus, die an renommierten Hochschulen in Deutschland, Österreich und der Schweiz entstanden sind. Die mit Höchstnote ausgezeichneten Arbeiten wurden durch Gutachter zur Veröffentlichung empfohlen und behandeln aktuelle Themen aus unterschiedlichen Fachgebieten der Naturwissenschaften, Psychologie, Technik und Wirtschaftswissenschaften. Die Reihe wendet sich an Praktiker und Wissenschaftler gleichermaßen und soll insbesondere auch Nachwuchswissenschaftlern Orientierung geben.

Springer awards "BestMasters" to the best master's theses which have been completed at renowned Universities in Germany, Austria, and Switzerland. The studies received highest marks and were recommended for publication by supervisors. They address current issues from various fields of research in natural sciences, psychology, technology, and economics. The series addresses practitioners as well as scientists and, in particular, offers guidance for early stage researchers.

Julia Rippl

Die Polizei und ihre Unterstützung aus der Luft

Eine kriminalwissenschaftliche Untersuchung polizeilicher Befugnisse beim Einsatz „Unbemannter Luftfahrtsysteme"

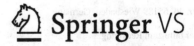 Springer VS

Julia Rippl
Ruhr Universität Bochum
München, Deutschland

Rechtsstand: 08.02.2024

ISSN 2625-3577   ISSN 2625-3615 (electronic)
BestMasters
ISBN 978-3-658-46421-9   ISBN 978-3-658-46422-6 (eBook)
https://doi.org/10.1007/978-3-658-46422-6

Die Deutsche Nationalbibliothek verzeichnet diese Publikation in der Deutschen Nationalbibliografie; detaillierte bibliografische Daten sind im Internet über https://portal.dnb.de abrufbar.

Planung/Lektorat: Daniel Rost
Springer VS ist ein Imprint der eingetragenen Gesellschaft Springer Fachmedien Wiesbaden GmbH und ist ein Teil von Springer Nature.
Die Anschrift der Gesellschaft ist: Abraham-Lincoln-Str. 46, 65189 Wiesbaden, Germany

Inhaltsverzeichnis

Abbildungsverzeichnis

Einleitung

„Die bayerische Landesregierung forciert die polizeiliche Videoüberwachung. Neben der Beobachtung aus der Luft [...] kündigt der Innenminister die Forschung zu Gesichts-, Verhaltens- und Mustererkennung an. [...]"[1]

Dieses Zitat aus einem Artikel auf der Website „NETZPOLITIK.ORG" vom 18.08.2021 nimmt Bezug auf die bei der Bayerischen Polizei in den vergangenen Jahren augenscheinlich zunehmende Inanspruchnahme von „Luftunterstützung" vor allem durch „unbemannte Luftfahrtsysteme" (ULS) bei polizeilichen Videoüberwachungsmaßnahmen. Des Weiteren werden Zukunftsvisionen bezüglich besonderer technischer Innovationen, wie der Gesichts- und Verhaltens(muster)erkennung erwähnt. Der Bedeutungszuwachs der Videoüberwachung auch mittels polizeilicher ULS zeigt sich insbesondere im Freistaat Bayern in der Einrichtung der „Koordinierungsstelle Video der Bayerischen Polizei" bei der Polizeiinspektion München Flughafen sowie in der Schaffung der bei der Polizeihubschrauberstaffel in Roth eingerichteten „Kompetenzstelle Unbemannte Luftfahrtsysteme".[2] Zum Vergleich: Die Polizei des Bundeslandes Nordrhein-Westfalen (NRW) setzt Drohnen bereits seit 2005 z. B. *„zur Aufklärung von*

---

[1] Monroy, Heliumballon, Drohnen und Videoanhänger, Bayern rüstet Polizei bei der Luftüberwachung auf.

[2] Vgl. Bayerisches Staatsministerium des Innern, für Sport und Integration, Einladung – Herrmann besucht Koordinierungsstelle Video der Bayerischen Polizei am Flughafen München; Vgl. Herrmann, Rede des Bayerischen Staatsministers des Innern, für Sport und Integration anlässlich der Pressekonferenz zum Thema „Drohnen bei der Bayerischen Polizei", S. 2 f.

Grundstücken, Gebäuden oder Gebäudekomplexen im Zusammenhang mit Can-nabisplantagen"[3] sowie zur *„Fertigung von Luftbildern zur Vorbereitung von Durchsuchungsmaßnahmen zur Strafverfolgung oder zur Unterstützung der Tatortbefundaufnahme"*[4] ein.[5] Der Einsatz von ULS ist des Weiteren bei der Verkehrs- und Grenzüberwachung, bei Vermisstensuchen, Fahndungsmaßnahmen, Observationen sowie bei Veranstaltungen von besonderer Relevanz.[6] Seit 2015 wurde die Ausrüstung bayerischer Polizeibehörden mit Drohnen begonnen und nach der, auch kritisch begleiteten, legislativen Verankerung des Einsatzes „von unbemannten Luftfahrtsystemen" im Jahr 2018 im Bayerischen Polizeiaufgabengesetz (BayPAG) zunehmend forciert.[7] Im Zuge einer schriftlichen Anfrage nahm das – damals noch so bezeichnete – Bayerische Staatsministerium des Innern, für Bau und Verkehr mit Schreiben vom 19.03.2018 u. a. wie folgt Stellung: *„Bei der Bayerischen Polizei werden die Multicoptersysteme Modell S 900 der Fa. DJI [...] sowie „SkyRanger" der Fa. Aeryon Labs inc. [...] eingesetzt. [...] [N]ach derzeitigen Planungen [sollen] ab 2018 [...] die Multicoptersysteme Yuneec H 520 und Exabotix HD6–1000 zum Einsatz kommen und auf Anforderung für alle Polizeidienststellen zur Verfügung stehen. [...] So kann das Einsatzmittel Drohne beispielsweise [...] eingesetzt werden, [...] [wenn] die Notwendigkeit der Sicht aus der Luft bzw. auch die geographischen Gegebenheiten ein Agieren am Boden nicht zulassen. [...] Nach dem [...] „Pilotversuch Multicopter" werden die gesammelten Erfahrungen ausgewertet und konkrete Einsatzmöglichkeiten bewertet."*[8] Auch hinsichtlich sogenannter „intelligenter Videoüberwachung" beobachtet die Bayerische Polizei bereits seit einigen

---

[3] LT-Drs. Nordrhein-Westfalen 16/2090, Drohneneinsatz in Nordrhein-Westfalen, S. 2.

[4] Ebd., S. 2.

[5] Vgl. ebd., S. 2.

[6] Vgl. Hensen, Das Knöllchen kommt von oben; Vgl. zdfheute, Neue Technologie: Verkehrskontrollen aus der Luft – per Drohne; Vgl. Meier, Künstliche Intelligenz, Drohnen auf Patrouille; Vgl. Herrmann, Rede des Bayerischen Staatsministers des Innern, für Sport und Integration anlässlich der Pressekonferenz zum Thema „Drohnen bei der Bayerischen Polizei", S. 3 ff.; Vgl. Zöller/Ihwas: Rechtliche Rahmenbedingungen des polizeilichen Flugdrohneneinsatzes, S. 409.

[7] Vgl. Herrmann, Rede des Bayerischen Staatsministers des Innern, für Sport und Integration anlässlich der Pressekonferenz zum Thema „Drohnen bei der Bayerischen Polizei", S. 3 f.; Vgl. LT-Drs. Bayern 17/20425, PAG-Neuordnungsgesetz, S. 21, 68; Vgl. Benöhr-Laqueur, 2018 – das Jahr, in dem die deutsche Polizei erstmals Drohnen gegen Gefährder einsetzte, S. 15 ff.

[8] Eck, Bayerisches Staatsministerium des Innern, für Bau und Verkehr, Beantwortung der schriftlichen Anfrage des Herrn Abgeordneten Markus Rinderspacher vom 21.12.2017 betreffend Drohnen in Bayern, S. 13.

Jahren den Markt und *„unterstützt die wissenschaftliche Erforschung potenziel-
ler Möglichkeiten hinsichtlich einer verstärkten automatisierten Auswertung von
Daten"*[9].

Trotz der Hoffnungen und Zukunftsvisionen, die augenscheinlich mit der
Forcierung polizeilicher ULS bei der Bayerischen Polizei einhergehen, kann
nicht außer Acht gelassen werden, dass insbesondere der Videoüberwachung
der Bürger*innen durch staatliche Institutionen – gerade auch mit Blick auf
empirische Befunde zur Frage der Wirksamkeit – bereits seit jeher mit Kritik
und Skepsis begegnet wird.[10] Denn gerade ein Staat und seine Institutionen,
die vielleicht sogar mit autonom denkenden bzw. agierenden ULS die Bürger*innen überwachen, dürften ein Sinnbild dystopischer Vorstellungen von der
Zukunft darstellen.[11] Beispielhaft hierfür ist das Buch „Daten, Drohnen, Disziplin", in welchem Zygmunt Bauman und David Lyon u. a. das Bild einer
„postpanoptischen"[12] Überwachung diskutieren. Dabei wird beispielsweise die
Vorstellung geäußert, dass mit den Drohnen der Zukunft eine nahezu unsicht-
bare Beobachtung möglich sei, der sich niemand mehr entziehen könne.[13] Des
Weiteren besteht in diesem Kontext häufig auch die generelle Befürchtung von
einer kompletten digitalen Echtzeitüberwachung des öffentlichen Raums, die dort
befindliche Personen identifiziert, unmittelbar durch Datenbankabgleiche und -
abrufe im Hintergrund weitere Informationen zu der Person offenbart sowie
darauf basierend eine Wahrscheinlichkeitsberechnung bezüglich deren möglichen
Gefahrenpotentials durchführt.[14]

Ziel dieser Masterarbeit ist die Klärung der forschungsleitenden Fragestellung,
ob die Bayerische Polizei mit den aktuellen rechtlichen Rahmenbedingungen
ULS – trotz bestehender polizei- und kriminalwissenschaftlicher Implikationen,
wie z. B. die Durchsetzbarkeit von Betroffenenrechten oder die Auswirkungen
von Selektionsprozessen – rechtssicher zur polizeilichen Videoüberwachung bei
Versammlungen, für präventivpolizeiliche Zwecke und insbesondere in Form der
sogenannten intelligenten Videoüberwachung einsetzen kann. Letzterer Aspekt

---

[9] LT-Drs. Bayern 17/23573, Reform des Polizeiaufgabengesetzes 2018, S. 3.

[10] Vgl. Bliesener/Neumann/Glaubitz/Kudlacek, Videobeobachtung zwischen Skepsis und
Akzeptanz. Soziodemografische Einflüsse auf die Einstellung zur polizeilichen Videobeobachtung im öffentlichen Raum, S. 29, 31 ff.

[11] Vgl. Stehr, Unbemannte Systeme und Cyber-Operationen, S. 10; Vgl. Dobler, Mensch und
Maschine, S. 35; Vgl. Brandstetter, Zukunftsperspektiven für Gesellschaft und Politik, S. 87;
Vgl. Bauman in: Bauman/Lyon, Daten, Drohnen, Disziplin, S. 33 f.

[12] Lyon in: Bauman/Lyon, Daten, Drohnen, Disziplin, S. 25.

[13] Vgl. Bauman in: Bauman/Lyon, Daten, Drohnen, Disziplin, S. 33.

[14] Vgl. Brandstetter, Zukunftsperspektiven für Gesellschaft und Politik, S. 90 f.

wird dabei insbesondere mit Blick auf die laufenden Verhandlungen zu einer europäischen Verordnung zur Künstlichen Intelligenz analysiert und diskutiert.[15] Dabei wird auch untersucht, ob bzw. inwieweit intelligente Videoüberwachung in Form der Gesichts- und Verhaltens(muster)erkennung, derzeit rechtlich möglich ist bzw. inwieweit (datenschutz)rechtliche, polizei- und kriminalwissenschaftliche Problemstellungen die Implementierung derartiger Technologien bei der Bayerischen Polizei beeinträchtigen. Zum Zweck der Analyse werden jeweils auch Beispiele aus anderen Bundesländern zum Vergleich herangezogen. Die vorliegende, auf Grundlage einer rein literaturtheoretischen Herangehensweise unter Heranziehung rechtswissenschaftlicher Quellen, Rechtsprechung sowie kriminal- und polizeiwissenschaftlicher Literatur entwickelte Masterarbeit untersucht im ersten Teil die derzeitigen rechtlichen Rahmenbedingungen nebst offener Problemstellungen präventivpolizeilicher und versammlungsrechtlicher Videoüberwachung durch die Bayerische Polizei mittels ULS. Hauptschwerpunkte sind dabei die Erörterung der Umsetzung einer hinreichenden Erkennbarkeit sowie der Umgang mit Eingriffen in das Grundrecht auf Unverletzlichkeit der Wohnung nach Art. 13 Grundgesetz (GG). Im zweiten Teil wird die derzeitige Rechtslage hinsichtlich der Heranziehung von ULS mit Blick auf die augenscheinlich bei der Bayerischen Polizei geplante Forcierung intelligenter Videoüberwachung am Beispiel der Gesichts- und Verhaltens(muster)erkennung, insbesondere vor dem Hintergrund der zunehmenden Diskussion zum Thema „Künstliche Intelligenz" (KI) dargestellt sowie damit einhergehende Problemstellungen analysiert. Im dritten Teil werden – unter Berücksichtigung der vorangegangenen Ausführungen – einzelne datenschutzrechtliche, kriminal- und polizeiwissenschaftliche Implikationen des polizeilichen ULS-Einsatzes im Rahmen der Videoüberwachung dargestellt und analysiert sowie diskutiert, ob bzw. inwiefern diese aktuell dem rechtssicheren Einsatz von ULS sowie dem beabsichtigten Ausbau intelligenter Videoüberwachung entgegenstehen. Dabei soll insbesondere untersucht werden, welche Bedeutung typischen Bedenken, wie etwaige unzureichende Kontrollinstanzen, unverhältnismäßige Überwachung und Einschüchterung unschuldiger Personen, eine zunehmende Automatisierung der polizeilichen Arbeit sowie die mögliche Diskriminierungsanfälligkeit intelligenter Systeme, beizumessen ist.[16]

---

[15] Vgl. Bundesministerium für Wirtschaft und Klimaschutz, Rahmen für Künstliche Intelligenz in der EU steht: KI-Verordnung einstimmig gebilligt.

[16] Beispielhaft: Vgl. Müller-ter Jung/Rexin, Datenschutz beim polizeilichen Drohneneinsatz, S. 648, Rn. 42, S. 649, Rn. 47; Vgl. Assion, Überwachung und Chilling Effects, S. 31; Vgl. Ittstein, Künstliche Intelligenz – eine Standortbestimmung, S. 44; Vgl. Lauscher/Legner, Künstliche Intelligenz und Diskriminierung, S. 367 ff.

Wesentlicher Gegenstand der Untersuchung sind ausschließlich „*mit bildgebenden Systemen ausgestattete und von einer Bodenstation mit PC und/oder Videobrille ferngesteuerte*"[17] ULS und somit „*das Hauptanwendungsfeld*"[18] des derzeitigen polizeilichen ULS-Einsatzes, nämlich das Anfertigen von Lichtbildern bzw. die Videobeobachtung und -aufzeichnung. Die Erstellung von Tonaufnahmen wird vorliegend nicht thematisiert, da letztere zumindest in Bezug auf die Videoüberwachung des öffentlichen Raumes durch die Bayerische Polizei ohnehin kaum praktische Relevanz aufweist.[19] Auch strafprozessuale Maßnahmen mittels ULS sind grundsätzlich nicht Gegenstand dieser Arbeit.

---

[17] Zöller/Ihwas: Rechtliche Rahmenbedingungen des polizeilichen Flugdrohneneinsatzes, S. 409.

[18] Buckler, (Verfassungs-)Rechtliche Rahmenbedingungen für den polizeilichen Einsatz sog. „Drohnen", S. 23; Ähnlich vgl. auch Ritter/Denker, Unbemannte Luftfahrtsysteme im Polizeieinsatz, S. 5.

[19] Vgl. LT-Drs. Bayern 18/26084, Videoüberwachung in Bayern, S. 5.

Rechtliche Rahmenbedingungen für ULS bei der Bayerischen Polizei

2

Zunächst werden hinsichtlich der rechtlichen Rahmenbedingungen des Freistaates Bayern für den präventivpolizeilichen und versammlungsrechtlichen Einsatz von ULS – auch unter Heranziehung der Bestimmungen anderer Bundesländer – einzelne Problemstellungen, wie etwa die Gewährleistung der Erkennbarkeit des ULS-Einsatzes, der Schutz der Versammlungsfreiheit nach Art. 8 GG und des Grundrechts auf Unverletzlichkeit der Wohnung nach Art. 13 GG identifiziert und diskutiert. In Bayern enthält Art. 47 BayPAG eine besondere Regelung zum Einsatz von sogenannten „unbemannten Luftfahrtsystemen" (ULS):

Art. 47 Abs. 1 BayPAG Einsatz von unbemannten Luftfahrtsystemen

(1) *Bei den nachfolgenden Maßnahmen dürfen Daten [...] auch durch den Einsatz unbemannter Luftfahrtsysteme erhoben werden:*
 1. *offene Bild- und Tonaufnahmen oder -aufzeichnungen nach Art. 33 Abs. 1 bis 3,*
 2. *Einsatz besonderer Mittel der Datenerhebung nach Art. 36 Abs. 1,*
 3. *Einsatz technischer Mittel in Wohnungen nach Art. 41 Abs. 1,*
 4. *Eingriffe in den Telekommunikationsbereich nach Art. 42 Abs. 1 bis 5 und*
 5. *verdeckter Zugriff auf informationstechnische Systeme nach Art. 45 Abs. 1 und 2*

Angesichts der Formulierung „auch durch den Einsatz unbemannter Luftfahrtsysteme" stellt sich zunächst die Frage nach dem Rechtscharakter des Art. 47 BayPAG sowie nach der generellen Grundrechtsrelevanz von ULS. Zunächst ist festzustellen, dass bei Verwendung von an ULS angebrachter Kameratechnik zur Videoüberwachung in erster Linie das allgemeine Persönlichkeitsrecht in Form des Rechts auf informationelle Selbstbestimmung gemäß Art. 2 Abs. 1, Art. 1

J. Rippl, *Die Polizei und ihre Unterstützung aus der Luft*, BestMasters, https://doi.org/10.1007/978-3-658-46422-6_2

Abs. 1 GG betroffen ist.[1] Das VG Sigmaringen ließ im Jahr 2020 bezüglich eines Drohneneinsatzes bei einem Fußballspiel die Frage, ob der Einsatz einer Drohne durch die Polizei eine explizite Ermächtigungsgrundlage erfordere, ausdrücklich offen.[2] Nach einer Auffassung erfordern Bildaufnahmen/-aufzeichnungen mittels ULS *„keine[...] eigenständige[...] Regelung, wenn die Drohne funktionsgleich zu einer immobilen Kamera – also insbesondere nicht außerhalb des durch die gebotene Beschilderung abgegrenzten Raums oder zur engmaschigen Verfolgung einzelner Personen – eingesetzt wird"*[3].[4] Dies gilt aber nur dann, wenn und solange das ULS als einfaches technisches Hilfsmittel herangezogen wird.[5] Es ist in solchen Fällen dementsprechend ausreichend, wenn die dem Einsatz jeweils zugrundeliegende Rechtsgrundlage für z. B. offene Videoüberwachung den Einsatz sogenannter technischer Mittel vorsieht oder offensichtlich voraussetzt.[6] Dies gilt insbesondere, wenn *„eine Flugdrohne nur ein Lufttransportsystem für [...] Nutzlasten darstellt"*[7]. Sofern ein ULS gewissermaßen lediglich als Fortbewegungsmittel für Kameraausrüstung diene, sei es ausreichend, dieses im Rahmen der Verhältnismäßigkeitsprüfung mit zu berücksichtigen.[8] Gemäß der sogenannten Trennungstheorie sei es für eine an sich grundrechtsneutrale Verwendung von ULS ausreichend, wenn beispielsweise eine technikneutral formulierte Befugnisnorm für die Anfertigung von Lichtbildern bzw. Bild-/Videoaufnahmen und -aufzeichnungen vorliege.[9] Dabei sei *„aus der Perspektive Betroffener nicht der Umstand der Verwendung eines ULS bei der jeweiligen Maßnahme entscheidend, sondern die mit der eigentlichen Maßnahme (z. B. Videoaufnahme) verbundene*

---

[1] Vgl. Zöller/Ihwas, Rechtliche Rahmenbedingungen des polizeilichen Flugdrohneneinsatzes, S. 409.

[2] Vgl. VG Sigmaringen, Urteil v. 20.10.2020, 14 K 7613/18, BeckRS 2020, 41267, Rn. 48.

[3] Müller/Schwabenbauer in: Lisken/Denninger, Handbuch des Polizeirechts, G., Teil II., Rn. 688.

[4] Eine ähnliche Haltung mit jeweils anderer Argumentation: Vgl. Albrecht/Seidl in: Möstl/Weiner, BeckOK Polizei- und Ordnungsrecht Niedersachsen, § 32 NPOG, Rn. 17; Vgl. Buckler, (Verfassungs-)Rechtliche Rahmenbedingungen für den polizeilichen Einsatz sog. „Drohnen", S. 24.

[5] Vgl. Müller/Schwabenbauer in: Lisken/Denninger, Handbuch des Polizeirechts, G., Teil II., Rn. 688.

[6] Vgl. Buckler, (Verfassungs-)Rechtliche Rahmenbedingungen für den polizeilichen Einsatz sog. „Drohnen", S. 24 f.; Vgl. Weiner in: Möstl/Weiner, BeckOK, Polizei- und Ordnungsrecht Niedersachsen, § 31 NPOG, Rn. 21.

[7] Albrecht/Seidl in: Möstl/Weiner, BeckOK Polizei- und Ordnungsrecht Niedersachsen, § 32 NPOG, Rn. 17.

[8] Vgl. ebd., § 32 NPOG, Rn. 17.

[9] Vgl. ebd., § 32 NPOG, Rn. 17, 17.1.

Beeinträchtigung – die Nutzung von ULS erscheint dabei lediglich als Modalität des Eingriffs und kann ggf. dessen Intensität erhöhen, führt aber grundsätzlich nicht dazu, dass andere Grundrechte betroffen wären"[10]. Dementsprechend attestiert man dem Einsatzmittel ULS in der Literatur regelmäßig durchaus bezüglich der Intensität des zugrundeliegenden Eingriffs ein Steigerungspotential, aber keine eigenständige Eingriffsqualität.[11] Der bayerische Gesetzgeber war laut Gesetzesbegründung – ohne weitere Differenzierung – der Auffassung, der Einsatz von ULS beinhalte einen „*zusätzlichen*"[12] Rechtseingriff.[13] Dabei bleibt offen, ob sich dieser auf eine potentielle Intensivierung der Grundrechtseingriffe beschränken soll, welche bereits durch die „Grundmaßnahme" wie z. B. Videoüberwachung nach Art. 33 BayPAG erfolgt sind oder ob allein durch den Einsatz eines ULS ein davon unabhängiger Grundrechtseingriff zustande kommen kann. Der Vergleich mit der bayerischen Rechtslage bei der Videoüberwachung mittels Polizei-Hubschrauber lässt folgende Schlüsse zu: Für die Videoüberwachung mittels Polizei-Hubschrauber ist jedenfalls in Bayern keine Geltung des Art. 47 BayPAG und auch sonst keine spezifische gesetzliche Regelung vorgesehen.[14] Gerade bei diesem Einsatzmittel bestehen allerdings grundsätzlich ähnliche Problemstellungen wie bei einem ULS, da es bei einem Überflug mittels Hubschrauber für Betroffene in der Regel überhaupt nicht ersichtlich ist, ob oder von wem in welcher Qualität hierbei zugleich Bild-/Videoaufnahmen bzw. -aufzeichnungen angefertigt werden. Beim Flug in gewisser Höhe, mit hoher Geschwindigkeit bzw. bei entsprechenden Witterungsbedingungen dürfte zudem häufig nicht einmal erkennbar sein, ob es sich um ein polizeiliches Einsatzmittel handelt. Zwar wird ein Hubschrauber an sich in aller Regel aufgrund der Lautstärke früher oder später zumindest akustisch bemerkt werden. Je nach Position der betroffenen Person, z. B. in einer engen Gasse mit dichter Bebauung bei einem Überflug der Innenstadt, bedeutet das aber nicht, dass das Luftfahrzeug bzw. dessen „Anflugrichtung/-winkel" ebenfalls ohne Weiteres automatisch visuell wahrgenommen werden kann. Die Wahrnehmbarkeit kann demgegenüber bei einem ULS an geeigneten Örtlichkeiten mit geringerer Flughöhe, Kennzeichnung

---

[10] Buckler, (Verfassungs-)Rechtliche Rahmenbedingungen für den polizeilichen Einsatz sog. „Drohnen", S. 24.

[11] Vgl. Buckler in: Möstl/Schwabenbauer, BeckOK Polizei- und Sicherheitsrecht Bayern, Art. 47 BayPAG, Rn. 4 f., 7 ff.; Vgl. Zöller/Ihwas, Rechtliche Rahmenbedingungen des polizeilichen Flugdrohneneinsatzes, S. 408, 412; A. A.: Vgl. BayLfD, Stellungnahme zum Gesetz zur Neuordnung des Bayerischen Polizeirechts (PAG-Neuordnungsgesetz), S. 48.

[12] LT-Drs. Bayern 17/20425, PAG-Neuordnungsgesetz, S. 68.

[13] Vgl. auch Schmidbauer in: Schmidbauer/Steiner, PAG/POG, Art. 47 BayPAG, Rn. 1.

[14] Vgl. LT-Drs. Bayern 17/20425, PAG-Neuordnungsgesetz, S. 68.

bzw. Folierung der Fluggeräte, Hinweisschilder oder akustischen Durchsagen prinzipiell durchaus hergestellt werden, wenngleich das generelle Potential für verdeckte Datenerhebungen bei einem ULS sicherlich deutlich höher ist als bei einem Hubschrauber.[15] Diesem spezifischen Potential wurde allerdings mit Art. 47 Abs. 1 Nr. 2–5 BayPAG Rechnung getragen. Dies könnte einerseits den Schluss zulassen, dass auch aus Sicht des bayerischen Gesetzgebers trotz des Interpretationsspielraums in der Gesetzesbegründung zu Art. 47 BayPAG nicht das generelle Erfordernis einer spezifischen Rechtsgrundlage festgeschrieben werden sollte, da ansonsten die gleichzeitige Schaffung einer weiteren eigenständige Rechtsgrundlage auch für die Videoüberwachung mittels Hubschrauber aufgrund der dargelegten ähnlichen Problemstellungen zu erwarten gewesen wäre.[16] In der Literatur geht man dementsprechend teilweise nicht davon aus, dass Art. 47 BayPAG eine selbstständige Befugnisnorm darstellt bzw. zusätzliche Befugnisse verleiht.[17] Kritische Stimmen fordern demgegenüber spezifische Rechtsgrundlagen für den polizeilichen Drohneneinsatz, insbesondere, da es andere bestimmte technische Mittel gebe, wie die Bodycam, die explizit gesetzlich geregelt seien.[18] Der Vergleich mit der Bodycam erscheint allerdings nicht unbedingt passend: Die Regelungsbedürfnisse bezüglich dieses Einsatzmittels ergaben sich augenscheinlich in erster Linie daraus, dass so die Möglichkeit spezifischer Verwendungsmöglichkeiten in Wohnungen bzw. ein verbindlicher Rahmen für die Nutzung der Prerecording-Funktion geschaffen werden sollte.[19] Grundsätzlich sind diese Einsatzfelder bzw. Funktionalitäten sicherlich ebenso bei ULS – wie bei vielen anderen technischen Mitteln auch, wie z. B. bei „normalen" Videokameras – rein technisch möglich, allerdings führen diese speziellen Einzel-Konstellationen nicht automatisch dazu, dass auch in allen anderen, weniger grundrechtsintensiven Einsatzbereichen für ULS, die weder das Grundrecht der

---

[15] Vgl. Buckler, (Verfassungs-)Rechtliche Rahmenbedingungen für den polizeilichen Einsatz sog. „Drohnen", S. 27; Vgl. Schmidt, Aktuelle Befugnisnormen polizeilicher Drohnenaufklärung in Nordrhein-Westfalen, S. 137.

[16] Vgl. Buckler, (Verfassungs-)Rechtliche Rahmenbedingungen für den polizeilichen Einsatz sog. „Drohnen", S. 26.

[17] Vgl. Buckler in: Möstl/Schwabenbauer, BeckOK Polizei- und Sicherheitsrecht Bayern, Art. 47 BayPAG, Rn. 4.

[18] Vgl. Krumm, Hinweispflicht bei polizeilichem Drohneneinsatz anlässlich eines Fußballspiels, 335; Vgl. Weichert, Drohnen und Datenschutz, Bedrohungspotenzial und Gesetzgebungsbedarf bei der Beobachtung von oben, S. 503; Vgl. Müller-ter Jung/Rexin, Datenschutz beim polizeilichen Drohneneinsatz, S. 654, Rn. 93.

[19] Vgl. Müller-Eiselt in: Möstl/Schwabenbauer, BeckOK Polizei- und Sicherheitsrecht Bayern, Art. 33 BayPAG, Rn. 61a, 62, 65; Vgl. Schmidbauer in: Schmidbauer/Steiner, PAG/POG, Art. 33 BayPAG, Rn. 48, 54, 56 ff.

Unverletzlichkeit der Wohnung berühren noch Bezüge zu einer etwaigen Vorratsdatenspeicherung aufweisen, ein generelles Bedürfnis für ausdrückliche gesetzliche Regelungen entsteht.[20] Dementsprechend ist der Einsatz von ULS im Anwendungsbereich der Bodycam nicht von Art. 47 Abs. 1 Nr. 1 BayPAG umfasst und damit derzeit ohnehin nicht vorgesehen.[21] Ein anderer Autor äußert die Einschätzung, dass der Beobachtung aus der Luft *„eine Eingriffsintensität zu*[kommt], *die über die der klassischen Videoüberwachung weit hinausgeht"*[22]. Dies sei deshalb so zu bewerten, weil Personen einem ULS nur schwerlich ausweichen bzw. aus dem Weg gehen könnten und, da ULS-Einsätze für Betroffene in der Regel nicht hinreichend erkennbar seien.[23] Letzteres Argument vermag mit Verweis auf die Ausführungen zu Ziff. 2.2.4 nicht zu überzeugen. Letztlich scheint man Art. 47 BayPAG überwiegend lediglich eine Klarstellungswirkung zuzuschreiben, dergestalt, dass die Norm ausschließlich bereits bestehende, polizeiliche Befugnisnormen hinsichtlich der Verwendung des Einsatzmittels ULS mit Blick auf das Bestimmtheitsgebot präzisiert sowie die Verwendungsmöglichkeiten von ULS im Rahmen präventivpolizeilicher Datenerhebungen abschließend auflistet und damit einen Teil der Verhältnismäßigkeitserwägungen in gewisser Weise vorwegnimmt.[24] Das VG Freiburg vertrat – dementsprechend – ebenfalls die Auffassung, dass z. B. die §§ 19a, 12a des Gesetzes über Versammlungen und Aufzüge (VersammlG) den Einsatz von Drohnen für Übersichtsaufnahmen bei Versammlungen grundsätzlich ermöglichen würden, obwohl ULS in diesen Bestimmungen nicht explizit Erwähnung finden.[25] Letztlich dürfte die Diskussion aber – jedenfalls für die Bayerische Polizei – kaum

---

[20] Vgl. Weiner in: Möstl/Weiner, BeckOK, Polizei- und Ordnungsrecht Niedersachsen, § 31 NPOG, Rn. 21.

[21] Vgl. Müller-Eiselt in: Möstl/Schwabenbauer, BeckOK Polizei- und Sicherheitsrecht Bayern, Art. 33 BayPAG, Rn. 65.

[22] Weichert, Drohnen und Datenschutz, Bedrohungspotenzial und Gesetzgebungsbedarf bei der Beobachtung von oben, S. 503.

[23] Vgl. Weichert, Drohnen und Datenschutz, Bedrohungspotenzial und Gesetzgebungsbedarf bei der Beobachtung von oben, S. 503; Vgl. auch Müller-ter Jung/Rexin, Datenschutz beim polizeilichen Drohneneinsatz, S. 647 f., Rn. 31, 34.

[24] Vgl. Buckler, (Verfassungs-)Rechtliche Rahmenbedingungen für den polizeilichen Einsatz sog. „Drohnen", S. 24, 27; Vgl. Buckler in: Möstl/Schwabenbauer BeckOK, Polizei- und Sicherheitsrecht Bayern, Art. 47 BayPAG, Rn. 11; Vgl. Schmidbauer in: Schmidbauer/Steiner, PAG/POG, Art. 47 BayPAG, Rn. 1, 3 f. Vgl. LT-Drs. Bayern 17/20425, PAG-Neuordnungsgesetz, S. 68.

[25] Vgl. VG Freiburg, Urteil v. 29.07.2021, 10 K 4722/19, BeckRS 2021, 25458, Rn. 62 ff.

praktische Auswirkungen haben, da Art. 47 BayPAG aufgrund der normimmanenten Akzessorietät die Einsetzbarkeit von ULS letztlich wohl genauso verbindlich regelt, wie eine spezifische Rechtsgrundlage.[26]

2.1   Unbemannte Luftfahrtsysteme (ULS)

Unter einem ULS versteht man gemäß § 1 Abs. 2 S. 3 Luftverkehrsgesetz (LuftVG) unbemannte Fluggeräte einschließlich ihrer Kontrollstation, die nicht zu Zwecken des Sports oder der Freizeitgestaltung betrieben werden.[27] Art. 2 Nr. 1 der Durchführungsverordnung (EU) 2019/947 der Kommission vom 24. Mai 2019 über die Vorschriften und Verfahren für den Betrieb unbemannter Luftfahrzeuge definiert ein „unbemanntes Luftfahrzeugsystem" (unmanned aircraft system, UAS) als ein unbemanntes Luftfahrzeug sowie die Ausrüstung für dessen Fernsteuerung. Die Berechtigung zum Verkehr im Luftraum der Bundesrepublik Deutschland haben gemäß § 1c Nr. 1 LuftVG bzw. nach § 1 Abs. 1 LuftVG Luftfahrzeuge der Polizeien des Bundes und der Länder, die gemäß § 30 Abs. 1a LuftVG sowie § 21k LuftVO unter bestimmten Voraussetzungen von gesetzlichen Vorgaben abweichen dürfen.[28]

Laut Medienberichten beschaffte die Bayerische Polizei vor wenigen Jahren für etwa 400.000 Euro einen mit einer Videokamera ausgestatteten, unbemannten, gefesselten Ballon mit einem Umfang von ca. 7 Metern, der an einem Seil befestigt bis zu einer Höhe von 300 Metern aufsteigen und große Flächen erfassen kann (siehe Abb. 2.1).[29] Fraglich ist, ob der Videoballon auch als ULS im Sinne des Art. 47 BayPAG einzuordnen ist. Gemäß § 1 Abs. 2 Nr. 6 LuftVG gelten Fesselballone als Luftfahrzeuge. Der Videoballon wird zudem – gemäß Definition eines ULS nach § 1 Abs. 2 S. 3 LuftVG – nicht zu Zwecken des Sports oder der Freizeitgestaltung betrieben. Die „International Working Group

---

[26] Vgl. Teubert, Eingriffsrecht Bayern, S. 135; Vgl. Schmidbauer in: Schmidbauer/Steiner, PAG/POG, Art. 47 BayPAG, Rn. 1.

[27] Vgl. Bemmelen, Kontrolle von Oben. Rechtliche Aspekte bei Polizeieinsätzen mit Drohnen, S. 4.

[28] Vgl. Buckler in: Möstl/Schwabenbauer, BeckOK Polizei- und Sicherheitsrecht Bayern, Art. 47 BayPAG, Rn. 16.

[29] Vgl. Bayerisches Staatsministerium des Innern, für Sport und Integration, Einladung – Herrmann besucht Koordinierungsstelle Video der Bayerischen Polizei am Flughafen München; Vgl. niederbayernTV Landshut, Bayerns Innenminister Joachim Herrmann besucht Koordinierungsstelle Video der Bayerischen Polizei am Flughafen München, ab 0:48 min., ab 2:02 min.; Vgl. Englisch, Neues Auge des Gesetzes.

on Data Protection in Telecommunications" bezeichnete Fesselballone mit und
ohne Antrieb im Jahr 2013 noch als „Aerostat" und nicht als ULS.[30] Nach einer
weiteren Auffassung müsse „*eine (Fern-)Steuerungsmöglichkeit* [...] [vorliegen],
während die Möglichkeit zur Fortbewegung aus eigenem Antrieb nicht zwingend
[...] [sei]"[31], um ein Fluggerät als ULS bewerten zu können.

Abb. 2.1 Gefesselter Videoballon der Bayerischen Polizei. (Quelle: Rippl, 05.09.2021,
München"[32])

[30] Vgl. International Working Group on Data Protection in Telecommunications, Arbeitspapier zum Datenschutz bei Überwachung aus der Luft, S. 3.

[31] Buckler in: Möstl/Schwabenbauer, BeckOK Polizei- und Sicherheitsrecht Bayern, Art. 47 BayPAG, Rn. 15; Einen „elektrischen Antrieb" als ULS-Element nennt aber LT-Drs. Nordrhein-Westfalen 16/2090, Drohneneinsatz in Nordrhein-Westfalen, S. 2.

[32] Weitere Abbildungen des Videoballons: Vgl. niederbayernTV Landshut, Bayerns Innenminister Joachim Herrmann besucht Koordinierungsstelle Video der Bayerischen Polizei am Flughafen München, ab 1:08 min.

In NRW scheint man zudem davon auszugehen, dass ein ULS „*einer Bodenstation zur Steuerung*"[33] bedürfe. Die Gesetzesbegründung sah vor, dass Art. 47 BayPAG „*konventionelle*[…] *Luftfahrzeuge*[…], *die der Bevölkerung etwa durch lautere Fluggeräusche und/oder größere Abmessungen auffälliger und letztlich auch vertrauter* […] [*seien*], *wie zum Beispiel Hubschrauber* […]"[34], nicht umfassen solle.[35] Grundsätzlich ist der Aufstieg von Fesselballonen, wenn sie mit einem Halteseil von mehr als 30 Metern Länge gehalten werden, gemäß § 20 Abs. 1 Nr. 3 LuftVO erlaubnispflichtig. Zudem muss das Halteseil bei unbemannten Fesselballonen nach Maßgabe des § 20 Abs. 1 LuftVO in Abständen von 100 Metern bei Tag durch rotweiße Fähnchen, bei Nacht durch rote und weiße Blitz- oder Blinklichter gekennzeichnet werden. Diese luftrechtliche Anforderung scheint – jedenfalls ausweislich der lokalen Presseberichterstattung – bezüglich des Videoballons umgesetzt worden zu sein. Beim Einsatz in München anlässlich der IAA Mobility 2021 „*sei* [der Überwachungsballon] *vom Wohngebiet aus gut sichtbar gewesen* […]. […] *Man konnte abends vom Fenster aus den Ballon aufsteigen sehen und dann das rote Blinken* […]"[36]. Grundsätzlich scheint der Videoballon aufgrund seiner Größe, der auffälligen Farbe sowie der luftrechtlichen Kennzeichnungen ein geringeres Potential für den verdeckten Einsatz zu haben, als eine Drohne. Nichtsdestoweniger ist anders als beim Helikopter beim Videoballon wohl ein geräuscharmer Betrieb möglich.[37] Wenngleich der Videoballon nicht mobil ist, kann er bei großer Flughöhe wohl zudem ein erhebliches Areal überwachen. Letztlich ist mit den frei zugänglichen Informationen zum Videoballon der Bayerischen Polizei – insbesondere aufgrund der fehlenden konkreten Informationen zur Steuerung des Videoballons sowie zu dem daran befestigten Kamerasystem – keine abschließende Bewertung möglich, ob dieser als ULS eingeordnet werden kann bzw. muss. Unter Verhältnismäßigkeitsgesichtspunkten erscheint allerdings die Beachtung der Vorgaben des Art. 47 BayPAG empfehlenswert. Da der Videoballon offenbar sowohl in den Medien

---

[33] LT-Drs. Nordrhein-Westfalen 16/2090, Drohneneinsatz in Nordrhein-Westfalen, S. 2.

[34] LT-Drs. Bayern 17/20425, PAG-Neuordnungsgesetz, S. 68.

[35] Vgl. auch Buckler in: Möstl/Schwabenbauer, BeckOK Polizei- und Sicherheitsrecht Bayern, Art. 47 BayPAG, Rn. 15.

[36] Burneleit, Marie zitiert nach: Naujokat, Überwachung aus der Luft, Das schwebende Auge der Polizei.

[37] Vgl. Naujokat, Überwachung aus der Luft, Das schwebende Auge der Polizei.

als auch im Münchner Stadtrat polarisierte, erscheint gerade ein expliziter Hinweis auf das Einsatzmittel (siehe z. B. Abb. 2.2 und 2.3) im Sinne des Art. 47 Abs. 2 BayPAG auch mit Blick auf den datenschutzrechtlichen Grundsatz der Transparenz, Art. 66 S. 1 BayPAG, Art. 28 Abs. 1 S. 1 Nr. 1, Abs. 2 S. 1 Nr. 2 BayDSG, Art. 5 Abs. 1 lit. a) DSGVO, als sinnvoll.[38]

Abb. 2.2
Hinweisbeschilderung zum
Einsatz des Videoballons
durch das Polizeipräsidium
München anlässlich der
IAA Mobility 2021 in
München. (Quelle: Rippl,
04.09.2021, München)

---

[38] Vgl. ebd.

Abb. 2.3
Hinweisbeschilderung zum
Einsatz des Videoballons
durch das Polizeipräsidium
München anlässlich der
IAA Mobility 2021 in
München. (Quelle: Rippl,
04.09.2021, München)

2.2   Offene Videoüberwachung, Art. 47 Abs. 1 Nr. 1 BayPAG

Gemäß Art. 47 Abs. 1 Nr. 1, Art. 33 Abs. 1–3 BayPAG ist der Einsatz von ULS zur Erhebung personenbezogener Daten durch offene Bildaufnahmen/-aufzeichnungen bei oder im Zusammenhang mit öffentlichen Veranstaltungen oder Ansammlungen bzw. in bestimmten Gefahrensituationen oder an bestimmten gefährlichen Orten zulässig. Damit zählen ULS *„als Einsatzmittel zur optischen Aufklärung"*[39] und *„dienen der operativen Einsatzunterstützung"*[40].

Eine „Aufnahme" i. S. des Art. 33 BayPAG ist im Falle der Anfertigung eines Lichtbildes *„die technische Erfassung samt Speicherung"*[41]. Bei der Videografie

---

[39] LT-Drs. Nordrhein-Westfalen 16/2090, Drohneneinsatz in Nordrhein-Westfalen, S. 2; Vgl. zur Bedeutung bei präventivpolizeilicher Aufklärung auch: Zöller/Ihwas, Rechtliche Rahmenbedingungen des polizeilichen Flugdrohneneinsatzes, S. 409.

[40] LT-Drs. Nordrhein-Westfalen 16/2090, Drohneneinsatz in Nordrhein-Westfalen, S. 2.

[41] Schmidbauer in: Schmidbauer/Steiner, PAG/POG, Art. 33 BayPAG, Rn. 10.

ist eine „Aufnahme" *„die technische Erfassung ohne Speicherung der Daten"*[42], also die sogenannte Livebild-Beobachtung, die „Aufzeichnung" ist demgegenüber *„die technische Erfassung* [...] *von Bildern* [...]*, ihre Übertragung und ihre Speicherung "*[43].[44] Die Begrifflichkeiten erfassen grundsätzlich auch Wärmebildgeräte, welche *„Infrarotstrahlung (= Wärmestrahlung)"*[45] detektieren können. *„Die Temperaturunterschiede der Objekte werden durch Helligkeitsunterschiede (Graustufen) auf einem angeschlossenen Monitor in Form eines Videobildes wiedergegeben."*[46] Große Relevanz hat diese Modalität bei Vermisstensuchen.[47] Ob eine bloße Wärmebildaufnahme, analog einem „normalen" Lichtbild bzw. einer Fotografie, die die Identifikation einer betroffenen Person ermöglicht, ebenfalls ein „personenbezogenes Datum" darstellt und damit den Rückgriff auf Art. 33 BayPAG erfordert, kann nicht allgemeingültig beantwortet werden.[48] Sofern beispielsweise eine Wärmebildaufnahme/-aufzeichnung wiedererkennbare Konturen/ Umrisse darstellen oder mit GPS-Daten bzw. einem besonderen Standort verbunden sein sollte, die Rückschlüsse auf die betroffene Person zulassen, ist eine Identifizierbarkeit i. S. d. Art. 4 DSGVO jedenfalls theoretisch vorstellbar.[49] Sofern man darüber hinaus davon ausgeht, dass eine Personenbezogenheit auch entstehen kann, indem die betroffene Person *„durch das Ergebnis der Verarbeitung* [...] *durch Auswirkungen betroffen ist* [...] *und* [...] *dadurch anders behandelt wird, als es anderenfalls geschehen wäre"*[50], wird man zumindest dann, wenn Wärmebildgeräte z. B. genutzt werden, um eine bestimmte Person zu lokalisieren und diese hierdurch überhaupt erst mit dem Ziel des Vollzugs anschließender polizeilicher Maßnahmen aufsuchen zu können, wohl bejahen müssen. Im Ergebnis ist daher der Rückgriff auf die Vorgaben der Art. 47, 33 BayPAG auch beim Einsatz „bloßer" Wärmebildfunktionalitäten von ULS zu empfehlen, sofern die Auffindung und Identifizierung von Personen explizit beabsichtigt wird.[51]

---

[42] Ebd., Art. 33 BayPAG, Rn. 10.

[43] Schmidbauer in: Schmidbauer/Steiner, PAG/POG, Art. 33 BayPAG, Rn. 11.

[44] Ebd., Art. 33 BayPAG, Rn. 10 f.

[45] Motsch in: Möllers, Wörterbuch der Polizei, „Wärmebildgerät".

[46] Ebd.

[47] Vgl. ebd.

[48] Vgl. Schild in: Wolff/Brink/v. Ungern-Sternberg, BeckOK Datenschutzrecht, Art. 4 DSGVO, Rn. 14.

[49] Vgl. ebd., Art. 4 DSGVO, Rn. 17, 21.

[50] Klabunde in: Ehmann/Selmayr, Datenschutz-Grundverordnung, Art. 4 DSGVO, Rn. 10.

[51] Vgl. z. B. Ritter/Denker, Unbemannte Luftfahrtsysteme im Polizeieinsatz, S. 5.

2.2.1 Art. 47 Abs. 1 Nr. 1, Art. 33 Abs. 1 BayPAG

Art. 33 Abs. 1 BayPAG

(1) *Die Polizei kann bei oder im Zusammenhang mit öffentlichen Veranstaltungen oder Ansammlungen personenbezogene Daten offen*

1. *auch durch den Einsatz technischer Mittel zur Anfertigung von Bild[...]aufnahmen oder -aufzeichnungen über die für eine Gefahr Verantwortlichen erheben, wenn tatsächliche Anhaltspunkte die Annahme rechtfertigen, dass dabei Ordnungswidrigkeiten von erheblicher Bedeutung oder Straftaten begangen werden, oder*

2. *mittels*

   a) *Bildaufnahmen oder Übersichtsaufnahmen oder*

   b) *Übersichtsaufzeichnungen*

   erheben, wenn dies wegen der Größe oder Unübersichtlichkeit der Örtlichkeit erforderlich ist; die gezielte Feststellung der Identität einer [...] abgebildeten Person ist nur unter den Voraussetzungen der Nr. 1 zulässig.

Unter technischen Mitteln i. S. d. Art. 33 Abs. 1 Nr. 1 BayPAG sind *„alle Aufnahmegeräte* [zu verstehen], *die dazu verwendet werden können, visuelle [...] Aufnahmen zu erstellen [...]* [, unabhängig davon] *ob sie für sich alleine verwendet werden (z. B. Videokamera) oder verbaut sind (z. B. Smartphone)*"[52]. Die veranstaltungsbezogene polizeiliche Videoüberwachung ist dabei von erheblicher Relevanz, insbesondere bei Großveranstaltungen mit vielen Teilnehmer*innen oder politischer Brisanz sowie z. B. bei Sportveranstaltungen.[53] *„Speziell Übersichtsaufnahmen aus der Luft geben den Polizeikräften vor Ort die Möglichkeit, frühzeitig lenkend auf Menschenmengen einzuwirken, Zugänge zum Veranstaltungsgelände zu öffnen oder zu sperren, um Massenpaniken zu verhindern, wie sie etwa den Besuchern der Duisburger „Love Parade" im Jahr 2010 zum Verhängnis geworden sind."*[54] Selbst, wenn „lediglich" Übersichtsaufnahmen oder -aufzeichnungen angefertigt werden, hat sich inzwischen die Auffassung verbreitet, dass auch solche für Betroffene einen Grundrechtseingriff darstellen, da die heutige Technik erlaube, Personen auch auf

---

[52] Schmidbauer in: Schmidbauer/Steiner, PAG/POG, Art. 33 BayPAG, Rn. 8.

[53] Vgl. Zöller/Ihwas, Rechtliche Rahmenbedingungen des polizeilichen Flugdrohneneinsatzes, S. 409; Vgl. Müller-ter Jung/Rexin, Datenschutz beim polizeilichen Drohneneinsatz, S. 644, Rn. 4.

[54] Zöller/Ihwas, Rechtliche Rahmenbedingungen des polizeilichen Flugdrohneneinsatzes, S. 409.

Übersichtsaufnahmen/-zeichnungen – z. B. durch Zoomen oder nachträgliche Bildbearbeitung – identifizierbar zu machen, und, da es aus Sicht der Bürger*innen nicht zu erkennen sei, ob lediglich eine Übersichtsaufnahme angefertigt oder gerade die Zoomfunktion genutzt werde.[55]

Auch stellte sich in der Vergangenheit zudem häufig die Frage, ob in den Fallgruppen des Art. 33 Abs. 1 BayPAG tatsächlich immer ein Eingriff in das Recht auf informationelle Selbstbestimmung nach Art. 2 Abs. 1, Art. 1 Abs. 1 GG vorliegt, da sich die betroffenen Personen auf öffentlichen Veranstaltungen oder Ansammlungen befinden, sich also freiwillig in der Öffentlichkeit aufhalten.[56] Jedenfalls bei der Livebild-Beobachtung ohne Aufzeichnung könnte argumentiert werden, dass Bürger*innen, welche sich in der Öffentlichkeit aufhalten, jederzeit auch von anwesenden Streifenbeamt*innen visuell wahrgenommen werden könnten. Dem ist jedoch entgegenzuhalten, dass die typischerweise exponierte Position eines ULS die Beobachtung großer Flächen oder besonders schwer zugänglicher Örtlichkeiten in Echtzeit ermöglicht.[57] Hierbei kann ein Areal nebst zahlreichen unbeteiligten Personen mit wenigen Polizeikräften in Gänze von oben überblickt und Einzelpersonen z. B. durch Zoomfunktionen unproblematisch gezielt beobachtet werden.[58] Verarbeiten ein Staat oder seine Institutionen die personenbezogenen Daten der Bürger*innen, ist dies in der Regel immer als Grundrechts-Eingriff zu bewerten, der einer Rechtsgrundlage bedarf.[59] Dies gilt im Besonderen *„für die*

---

[55] Vgl. VG Sigmaringen, Urteil v. 20.10.2020, 14 K 7613/18, BeckRS 2020, 41267, Rn. 34; Vgl. Zöller/Ihwas, Rechtliche Rahmenbedingungen des polizeilichen Flugdrohneneinsatzes, S. 410; Vgl. VG Freiburg, Urteil v. 29.07.2021, 10 K 4722/19, BeckRS 2021, 25458, Rn. 45 f.; Vgl. Krumm, Polizeiliche Drohnenüberwachung einer Versammlung, S. 1018; Vgl. Tomerius, „Drohnen" zur Gefahrenabwehr – Darf die Berliner Polizei nach jetziger Rechtslage Drohnen präventiv-polizeilich nutzen?, S. 483 f.; Vgl. OVG Münster, Beschluss v. 11.03.2020, 15 A 1139/19, NVwZ-RR 2020, 785, Rn. 18; Vgl. Koranyi/Singelnstein: Rechtliche Grenzen für polizeiliche Bildaufnahmen von Versammlungen, S. 124, 126.

[56] Vgl. Müller-Eiselt in: Möstl/Schwabenbauer, BeckOK Polizei- und Sicherheitsrecht Bayern, Art. 33 BayPAG, Rn. 6, 11a.

[57] Vgl. Müller/Schwabenbauer in: Lisken/Denninger, Handbuch des Polizeirechts, G., Teil II., Rn. 688.

[58] Vgl. Müller-Eiselt in: Möstl/Schwabenbauer, Art. 33 BayPAG, BeckOK Polizei- und Sicherheitsrecht Bayern, Rn. 9a; Vgl. VG Sigmaringen, Urteil v. 20.10.2020, 14 K 7613/18, BeckRS 2020, 41267, Rn. 37; Vgl. Müller/Schwabenbauer in: Lisken/Denninger, Handbuch des Polizeirechts, G., Teil II., Rn. 688; Vgl. Zöller/Ihwas, Rechtliche Rahmenbedingungen des polizeilichen Flugdrohneneinsatzes, S. 410; Vgl. Schmidt, Aktuelle Befugnisnormen polizeilicher Drohnenaufklärung in Nordrhein-Westfalen, S. 135.

[59] Vgl. Zöller/Ihwas: Rechtliche Rahmenbedingungen des polizeilichen Flugdrohneneinsatzes, S. 410.

Beobachtung von Personen durch computergestützte Kameratechnik mit hochauflösender Grafik, Zoom- und Filterfunktion"[60]. Von Relevanz ist hinsichtlich ULS, dass diese durch ihre Präsenz ein Gefühl des „Überwacht-Werdens" vermitteln sowie einschüchternde Effekte bezüglich der Grundrechtsausübung entfalten können.[61] Aufgrund der heutigen Möglichkeiten der technischen Ausstattung von ULS könne man diese zudem nicht mit *„dem Fernglas des Streifenbeamten"*[62] gleichsetzen. *„Infolgedessen gilt, dass auch die bloße Beobachtung identifizierbarer Personen mit Hilfe drohnengestützter Videotechnik einen Grundrechtseingriff darstellt.*[63] Das VG Freiburg misst dieser zunächst sogar den Charakter eines intensiven Grundrechtseingriffs bei.[64] *„Anders als ein Polizeihubschrauber kann eine Drohne [...] tiefer fliegen und ermöglicht den Beamten auch die Aufnahmen von unübersehbaren Bereichen, in die ein Hubschrauber auf Grund baulicher Gegebenheiten nicht vordringen könnte."*[65] Des Weiteren können ULS Personen „verfolgen" und diese aus großer Höhe beobachten, sodass Betroffene, z. B. an Örtlichkeiten mit Umgebungsgeräuschen wie Verkehrslärm, häufig kaum Möglichkeiten haben dürften, unmittelbar zu erkennen, wen ein ULS konkret gerade „im Blick" hat oder ob ihr Verhalten gegebenenfalls sogar aufgezeichnet wird.[66] Als Gegenargument – ebenfalls vom VG Freiburg – wird wiederum angeführt, *„dass bei einem alternativen Einsatz fest installierter visueller Überwachungssysteme, diese ebenfalls in einer solchen Anzahl eingesetzt werden, dass der Polizei gleichermaßen eine Übersicht über den gesamten Bereich [...] ermöglicht wird. [...] Insofern kann – unabhängig von dem eingesetzten technischen Mittel – sich der „Überwachung" nur zuverlässig entziehen, wer [...] fernbleibt. Dies ist jedoch keine Drohnenspezifische Beschränkung. Gegenüber einer – alternativ – erhöhten Polizeipräsenz und Beobachtung durch [...] fest installierte Kameras oder [...] an Helikoptern montierten Kameras greift die Beobachtung durch den Einsatz einer Drohne nicht weiter in die Grundrechte*

---

[60] Ebd., S. 410.

[61] Vgl. ebd., S. 410.

[62] Ebd., S. 410.

[63] Ebd., S. 410.

[64] Vgl. VG Freiburg, Urteil v. 29.07.2021, 10 K 4722/19, BeckRS 2021, 25458, Rn. 64.

[65] VG Sigmaringen, Urteil v. 20.10.2020, 14 K 7613/18, BeckRS 2020, 41267, Rn. 37.

[66] Vgl. VG Sigmaringen, Urteil v. 20.10.2020, 14 K 7613/18, BeckRS 2020, 41267, Rn. 37; Vgl. Müller/Schwabenbauer in: Lisken/Denninger, Handbuch des Polizeirechts, G., Teil II., Rn. 688; Vgl. Zöller/Ihwas, Rechtliche Rahmenbedingungen des polizeilichen Flugdrohneneinsatzes, S. 410; Vgl. Weichert, Drohnen und Datenschutz, Bedrohungspotenzial und Gesetzgebungsbedarf bei der Beobachtung von oben, S. 502.

der Betroffenen ein"[67]. Diese Ansicht erscheint allerdings aufgrund vorbeschriebener erhöhter Effektivität, der schnellen Reaktionsfähigkeit und Flexibilität, welche mit ULS einfacher als bei „klassischer" stationärer Videoüberwachung zu erreichen ist, aufgrund damit einhergehender mangelnder „Waffengleichheit" sowie potentieller Einschüchterungseffekte eher zweifelhaft, selbst wenn sich die Betroffenen dabei in der Öffentlichkeit aufhalten.[68] Auch darf nicht außer Acht gelassen werden, dass gerade bei polizeilicher Videoüberwachung in der Öffentlichkeit mittels ULS – im Gegensatz zu installierten Videoanlagen mit fest eingerichteter, technischer Privatzonenausblendung – unter Umständen unabsichtlich private Zonen wie Gärten und Wohnhäuser betroffen sein können, wenn sich diese etwa in unmittelbarer Nähe eines überwachten öffentlichen Platzes in einer Innenstadt befinden. Aus Sicht der Anwohner*innen wäre in solchen Fällen zudem nicht ohne Weiteres ersichtlich, ob beispielsweise der Einblick in den privaten Hauseingang bzw. durch das Wohnzimmerfenster beim vorbeifliegenden ULS vermieden wird.

Des Weiteren ist die Prüfung der Erforderlichkeit bzw. Verhältnismäßigkeit der polizeilichen Maßnahme bei der Entscheidung über die Anordnung einer mobilen, einer stationären Videoüberwachungsanlage oder eine Videoüberwachung mittels ULS gerade bei Veranstaltungen und Ansammlungen – mithin Örtlichkeiten mit typischerweise vielen unbeteiligten Betroffenen – von großer Bedeutung. So betont Art. 4 BayPAG beispielsweise, dass eine polizeiliche Maßnahme nur so lange zulässig ist, bis ihr Zweck erreicht ist bzw., dass von mehreren möglichen Maßnahmen nur diejenige getroffen werden darf, die Betroffene und die Allgemeinheit am wenigsten beeinträchtigt. Nach Art. 66 S. 1 BayPAG i. V. m. Art. 28 Abs. 1 S. 1 Nr. 1, Abs. 2 S. 1 Nr. 2 Bayerisches Datenschutzgesetz (BayDSG) ist zudem der datenschutzrechtliche Grundsatz der „Datenminimierung" gemäß Art. 5 Abs. 1 lit. c) der Verordnung (EU) 2016/679 des europäischen Parlaments und des Rates vom 27. April 2016 zum Schutz natürlicher Personen bei der Verarbeitung personenbezogener Daten, zum freien Datenverkehr und zur Aufhebung der Richtlinie 95/46/EG (Datenschutz-Grundverordnung) zu beachten, wonach die Verarbeitung personenbezogener Daten dem Zweck angemessen und auf das für die Zwecke der Verarbeitung notwendige Maß beschränkt sein muss. Erfolgt dementsprechend z. B. eine Video-Aufzeichnung ohne gleichzeitige Livebild-Beobachtung durch einsatzbereite und reaktionsfähige Polizeibeamt*innen, so kann bei der Begründung der Maßnahme konsequenterweise nicht ausschließlich darauf abgestellt werden, dass

---

[67] VG Freiburg, Urteil v. 29.07.2021, 10 K 4722/19, BeckRS 2021, 25458, Rn. 64.

[68] Ähnlich bereits zur Videoüberwachung ohne ULS: Vgl. Müller-Eiselt in: Möstl/Schwabenbauer, BeckOK Polizei- und Sicherheitsrecht, Art. 33 BayPAG, Rn. 8, 9a.

die Videoüberwachung dazu dienen soll, bei akuten Gefahrensituationen intervenierend tätig werden zu wollen.[69] Gerade im Hinblick auf die Entscheidung, ob ULS oder anderweitige Einsatzmittel verwendet werden sollen, ist abzuwägen, welches mögliche Mittel als „grundrechtsschonender", v. a. bezüglich der Betroffenheit Unbeteiligter, zu betrachten ist. Fraglich bzw. Gegenstand regelmäßiger Kritik in der Literatur ist, ob bzw. in welchem Umfang im Zuge der polizeilichen Ermessensausübung auch etwaige Befunde der empirischen Forschung zu potentiellen oder messbaren Effekten polizeilicher Videoüberwachung berücksichtigt werden sollten oder sogar müssen.[70] Ein Autor vertritt zudem die Auffassung, dass auch das Potential einer flächendeckenden Überwachung sowie die etwaige Gesamtwirkung einer Maßnahme in Verbindung mit weiteren Überwachungsmaßnahmen („*Summierungseffekte*"[71]) berücksichtigt werden müssen.[72] Hierbei sei es wichtig, auch empirische Studien bei Abwägungsentscheidungen heranzuziehen.[73] *„Denn z. B. die Frage des Einschüchterungs- oder Anpassungseffekts, der durch eine visuelle Erfassung des öffentlichen Raums […] hervorgerufen werden kann, ist keine, welche die Rechtswissenschaft alleine beantworten kann."*[74] Auch gibt es Studienergebnisse, die implizieren, dass sich der Grad der Akzeptanz staatlicher Videoüberwachungsmaßnahmen in verschiedenen demographischen Gruppen – in Relation zu Geschlecht und Alter – teilweise signifikant voneinander unterscheidet.[75] Derartige Erkenntnisse könnten aus polizeitaktischen Erwägungen gerade bei Veranstaltungen mit aufgeheizter Stimmung dabei helfen, zu bewerten, in welchen Konstellationen insbesondere ein ULS-Einsatz gegebenenfalls zusätzliche aggressionsfördernde oder deeskalierende Wirkung haben könnte. Liegen zu bestimmten

---

[69] Vgl. Bliesener/Neumann/Glaubitz/Kudlacek, Videobeobachtung zwischen Skepsis und Akzeptanz. Soziodemografische Einflüsse auf die Einstellung zur polizeilichen Videobeobachtung im öffentlichen Raum, S. 30.

[70] Beispielhaft: Vgl. Klar, Der Rechtsrahmen des Datenschutzrechts für Visualisierungen des öffentlichen Raums – Ein taugliches Konzept zum Schutz der Betroffeneninteressen?, S. 790; Vgl. Zöller: Möglichkeiten und Grenzen polizeilicher Videoüberwachung, S. 1237, 1240.

[71] Klar, Der Rechtsrahmen des Datenschutzrechts für Visualisierungen des öffentlichen Raums – Ein taugliches Konzept zum Schutz der Betroffeneninteressen?, S. 790.

[72] Vgl. ebd., S. 790.

[73] Vgl. ebd., S. 790.

[74] Klar, Der Rechtsrahmen des Datenschutzrechts für Visualisierungen des öffentlichen Raums – Ein taugliches Konzept zum Schutz der Betroffeneninteressen?, S. 790.

[75] Vgl. Bliesener/Neumann/Glaubitz/Kudlacek, Videobeobachtung zwischen Skepsis und Akzeptanz. Soziodemografische Einflüsse auf die Einstellung zur polizeilichen Videobeobachtung im öffentlichen Raum, S. 33, 39 ff.

Effekten ausreichend repräsentative empirische Erkenntnisse vor, spricht daher viel dafür, diese zumindest bei der Verhältnismäßigkeitsprüfung zu berücksichtigen.

Abschließend fällt im Vergleich zu Mecklenburg-Vorpommern auf, dass Bildaufnahmen und -aufzeichnungen – unabhängig davon, ob mit oder ohne ULS angefertigt – dort gemäß §§ 34 S. 1 Nr. 1, 32 Abs. 1 des Gesetzes über die öffentliche Sicherheit und Ordnung in Mecklenburg-Vorpommern (SOG M-V), im Gegensatz zur bayerischen Rechtslage, lediglich dann gestattet sind, wenn Tatsachen die Annahme rechtfertigen, dass Straftaten begangen werden. Der bayerische Gesetzgeber ist demgegenüber der Auffassung, dass bereits Anhaltspunkte für Ordnungswidrigkeiten von erheblicher Bedeutung ausreichen. Solche liegen vor, wenn hierdurch *„das Sicherheitsgefühl in der Öffentlichkeit sowie sonstige bedeutsame Interessen der Allgemeinheit in besonderer Weise [...] [beeinträchtigt werden, z. B. bei] Verstöße[n] gegen gemeindliche Satzungen, die das aggressive Betteln [...] untersagen, [...] das Abbrennen von Feuerwerkskörpern in einer Menschenmenge [...] [,] unerlaubte Müllablagerungen [...] oder sonstige gravierende Umweltverstöße"*[76].

2.2.2 Art. 47 Abs. 1 Nr. 1, Art. 33 Abs. 2 BayPAG

Art. 33 Abs. 2 BayPAG

(2) *Die Polizei kann*
1. *zur Abwehr*
   a) *einer Gefahr oder*
   b) *einer drohenden Gefahr für ein bedeutendes Rechtsgut,*
2. *an den in Art. 13 Abs. 1 Nr. 2 [BayPAG] genannten Orten, wenn sie öffentlich zugänglich sind, oder*
3. *an Orten, bei denen tatsächliche Anhaltspunkte die Annahme rechtfertigen, dass dort Ordnungswidrigkeiten von erheblicher Bedeutung oder Straftaten begangen werden, wenn diese Orte öffentlich zugänglich sind, offen Bild[...]aufnahmen oder -aufzeichnungen von Personen anfertigen.*

Ein weiteres Einsatzfeld eröffnet sich hinsichtlich der Abwehr konkreter sowie drohender Gefahren für bedeutende Rechtsgüter gemäß Art. 47 Abs. 1 Nr. 1, Art.

---

[76] Siehe Ziff. 32.2 der Vollzugs-Bekanntmachung zu Art. 32 BayPAG a.F., jetzt Art. 33 BayPAG, https://www.gesetze-bayern.de/Content/Document/BayVwV151469/true, zuletzt abgerufen am 05.02.2024.

33 Abs. 2 Nr. 1 lit. a), lit. b), Art. 11a Abs. 2 BayPAG: *„Denkbar erscheint ein präventivpolizeilicher Einsatz [...] bei der Aufklärung von [...] Gefahren- und Schadenslagen sowie Katastrophen zur Unterstützung der Rettungskräfte, etwa bei Bränden oder Unfällen mit Gefahrgut. [...] Darüber hinaus ist an einen Einsatz von Drohnen zur Kontrolle von größeren Geländeteilen bei Evakuierungsmaßnahmen zu denken."*[77] Durch die Beobachtung aus der Luft können sich Einsatzkräfte insbesondere einen schnellen Eindruck von gefährlichen Einsatzorten verschaffen, ohne sich selbst zu gefährden und sich so lageangepasst für die erforderliche Kräftestärke, besondere Ausrüstung oder Schutzkleidung entscheiden.[78] Dies gilt z. B. bei Drohungen hinsichtlich Terroranschlägen oder Amoktaten sowie beim Auffinden von Sprengmitteln aus dem zweiten Weltkrieg.[79] Des Weiteren können ULS nicht nur bei Vermisstensuchen, sondern insbesondere auch beim polizeilichen Objektschutz herangezogen werden:[80] *„Anstatt die Wohnsitze von prominenten Politikern oder jüdische Einrichtungen konventionell durch Streifenwagenbesatzungen zu kontrollieren, ließe sich über solchen Objekten auch an feste, GPS-gestützte Flugrouten für Drohnen denken, die solche Anwesen aus der Vogelperspektive viel effizienter zu überwachen vermögen."*[81] ULS wären dabei aufgrund ihrer Größe und Flexibilität vor allem in bebauten Gebiet, zwischen Häusern oder in engen Gassen sehr gut einsetzbar.[82]

Art. 47 Abs. 1 Nr. 1, 33 Abs. 2 Nr. 2, Art. 13 Abs. 1 Nr. 2 BayPAG gestattet zudem grundsätzlich Bildaufnahmen/-aufzeichnungen an öffentlich zugänglichen Orten, von denen auf Grund tatsächlicher Anhaltspunkte anzunehmen ist, dass dort Personen Straftaten verabreden, vorbereiten oder verüben, sich Personen ohne erforderliche Aufenthaltserlaubnis treffen, oder sich Straftäter verbergen, zudem an Orten an denen Personen der Prostitution nachgehen, oder welche als Unterkunft oder dem sonstigen, auch vorübergehenden Aufenthalt von Asylbewerbern und unerlaubt Aufhältigen dient.

---

[77] Zöller/Ihwas, Rechtliche Rahmenbedingungen des polizeilichen Flugdrohneneinsatzes, S. 409.

[78] Vgl. ebd., S. 409.

[79] Vgl. Zöller/Ihwas, Rechtliche Rahmenbedingungen des polizeilichen Flugdrohneneinsatzes, S. 409; Vgl. Müller-Eiselt in: Möstl/Schwabenbauer, BeckOK Polizei- und Sicherheitsrecht, Art. 33 BayPAG, Rn. 47.

[80] Vgl. Zöller/Ihwas, Rechtliche Rahmenbedingungen des polizeilichen Flugdrohneneinsatzes, S. 409.

[81] Ebd., S. 409.

[82] Vgl. Buckler in: Möstl/Schwabenbauer, BeckOK Polizei- und Sicherheitsrecht Bayern, Art. 47 BayPAG, Rn. 2.

Gemäß Art. 47 Abs. 1 Nr. 1, 33 Abs. 2 Nr. 3 BayPAG kann die Polizei außerdem an öffentlich zugänglichen Orten, bei denen tatsächliche Anhaltspunkte die Annahme rechtfertigen, dass dort Ordnungswidrigkeiten von erheblicher Bedeutung oder Straftaten begangen werden, offen Bildaufnahmen oder -aufzeichnungen von Personen anfertigen.

Prinzipiell besteht in allen drei vorgenannten Varianten des Art. 33 Abs. 2 BayPAG beim Einsatz von ULS in bewohnten Gebieten das Potential, gegebenenfalls sogar ein polizeiliches Interesse daran, z. B. zur Eigensicherung, bei der Begleitung von Schutzpersonen oder bei Vermisstensuchen, unter Umständen private Grundstücke Dritter zu überfliegen bzw. an privaten Räumlichkeiten Unbeteiligter vorbeizufliegen. *„Vor einem Einsatz [...] auf Privatgelände oder in Wohnungen könnten aus Gründen der Eigensicherung [...] Räumlichkeiten durch einen Drohnenflug vorab untersucht und während des Einsatzes begleitend überwacht werden.“*[83] *„Da die Polizeidrohnen praktisch in jede Richtung filmen können [...] ist es grundsätzlich zudem möglich, entweder von außen in Wohnungen hinein zu filmen, als auch in Hausfluren, Wohnungen [...] Aufnahmen tätigen zu können.“*[84] Es stellt sich daher konsequenterweise die grundlegende Frage, ob, unter welchen Voraussetzungen bzw. in welchen Varianten des Art. 33 Abs. 2 BayPAG der offene Einsatz von ULS möglich wäre, wenn dieser zu Eingriffen in das Grundrecht auf Unverletzlichkeit der Wohnung, Art. 13 Grundgesetz (GG), führt, v. a. beim Durchfliegen von Wohngebieten bzw. Innenstädten oder beim Überfliegen von privaten Grundstücken.[85] Jedenfalls in ihrem Tätigkeitsbericht für die Jahre 2015 und 2016 äußerte sich die damalige Bundesbeauftragte für den Datenschutz und die Informationsfreiheit (BFDI) noch dahingehend, dass der Einsatz von ULS über bzw. die Beobachtung von Wohnungsgrundstücken *„nachvollziehbar und daher unbedenklich“*[86] sei, *„wenn der Betrieb von unbemannten Luftfahrtsystemen durch Behörden zur Erfüllung ihrer Aufgaben [...] erfolgt“*[87]. Eine andere Auffassung verlangt, *„dass beim Einsatz von ULS sicherzustellen ist, dass eine Einsichtnahme in Wohnräume, die schon beim Überfliegen privater Grundstücke denkbar ist, soweit als*

---

[83] Tomerius, „Drohnen" zur Gefahrenabwehr – Darf die Berliner Polizei nach jetziger Rechtslage Drohnen präventiv-polizeilich nutzen?, S. 482.

[84] Ebd., S. 483.

[85] Vgl. Weichert, Drohnen und Datenschutz, Bedrohungspotenzial und Gesetzgebungsbedarf bei der Beobachtung von oben, S. 502 f.; Vgl. Tomerius, „Drohnen" zur Gefahrenabwehr – Darf die Berliner Polizei nach jetziger Rechtslage Drohnen präventiv-polizeilich nutzen?, S. 483.

[86] BFDI, 26. Tätigkeitsbericht zum Datenschutz für die Jahre 2015 und 2016, S. 105.

[87] Ebd., S. 105.

möglich verhindert wird, soweit nicht die gesetzlichen Voraussetzungen hierfür vorliegen."[88] Gemäß Art. 23 Abs. 1 S. 2 BayPAG umfasst der Wohnungsbegriff Wohn- und Nebenräume, Arbeits-, Betriebs- und Geschäftsräume sowie anderes befriedetes Besitztum. Unter „befriedetem Besitztum" versteht man diejenigen Teile eines Grundstücks, die *„im unmittelbaren Umgriff einer Wohnnutzung liegen* […] [, also] *ein Garten eines Wohnhauses, ein Innenhof oder ein Garagenvorplatz"*[89]. Solange Polizeibeamt*innen, die ein ULS steuern, zwar Lichtbilder bzw. Videoaufnahmen/ -aufzeichnungen von Privatgelände oder Wohnraum (durch ein Fenster oder durch das Steuern des ULS in eine Wohnung) anfertigen, selbst dabei aber physisch die Wohnung nicht betreten, liegt jedenfalls kein „Betreten" oder „Durchsuchen" i. S. d. Art. 23 Abs. 1 BayPAG vor, da derartige Maßnahmen ein *„körperliche*[…][*]*[s] Eindringen"*[90] in eine Wohnung und zusätzlich eine *„absolute*[…] *Einwirkungs- und Steuerungsgewalt"*[91] bezüglich der Wohnung erfordern.[92] Die Erhebung optischer Daten im Rahmen von Maßnahmen gemäß Art. 33 BayPAG mittels ULS muss sich allerdings in Bezug auf Wohnungen trotzdem an den Maßstäben des Art. 13 Abs. 4 bis 7 GG messen lassen.[93]

Art. 13 Abs. 4, 5, 7 GG

(4) *Zur Abwehr dringender Gefahren für die öffentliche Sicherheit, insbesondere einer gemeinen Gefahr oder einer Lebensgefahr, dürfen technische Mittel zur Überwachung von Wohnungen nur auf Grund richterlicher Anordnung eingesetzt werden.* […]

(5) *Sind technische Mittel ausschließlich zum Schutze der bei einem Einsatz in Wohnungen tätigen Personen vorgesehen, kann die Maßnahme durch eine gesetzlich bestimmte Stelle angeordnet werden.* […]

(7) *Eingriffe und Beschränkungen dürfen im übrigen nur zur Abwehr einer gemeinen Gefahr oder einer Lebensgefahr für einzelne Personen, auf Grund eines*

---

[88] Vgl. Buckler, (Verfassungs-)Rechtliche Rahmenbedingungen für den polizeilichen Einsatz sog. „Drohnen", S. 27; Vgl. hierzu auch BayLfD, Stellungnahme zum Gesetz zur Neuordnung des Bayerischen Polizeirechts (PAG-Neuordnungsgesetz), S. 48.

[89] Schwabenbauer in: Möstl/Schwabenbauer, BeckOK Polizei- und Sicherheitsrecht, Art. 23 BayPAG, Rn. 26.

[90] Ebd., Art. 23 BayPAG, Rn. 38.

[91] Ebd., Art. 23 BayPAG, Rn. 37.

[92] Vgl. ebd., Art. 23 BayPAG, Rn. 43.

[93] Vgl. Schwabenbauer in: Möstl/Schwabenbauer, BeckOK Polizei- und Sicherheitsrecht, Art. 23 BayPAG, Rn. 38; Vgl. Kluckert in: Epping/Hillgruber, BeckOK Grundgesetz, Art. 13 GG, Rn. 19.

Gesetzes auch zur Verhütung dringender Gefahren für die öffentliche Sicherheit und Ordnung, insbesondere [...] zum Schutze gefährdeter Jugendlicher vorgenommen werden.

Die ausdrückliche Beschränkung des Art. 33 Abs. 2 Nr. 2 und Nr. 3 BayPAG auf öffentlich zugängliche Orte, wie *„Bahnhöfe und deren unmittelbare Umgebung, Fußgängerzonen, Parkanlagen oder städtische Platze* [sic]"[94], lässt den Schluss zu, dass der Gesetzgeber in diesen Einsatzssituationen keine Eingriffe in Art. 13 GG vorgesehen hat. Selbst wenn man sich der Auffassung anschließen würde, wonach Bild- und Videoaufnahmen/-aufzeichnungen „von außen" in die Wohnung noch keinen Eingriff in das Grundrecht auf die Unverletzlichkeit der Wohnung, sondern nur in das Grundrecht auf informationelle Selbstbestimmung darstellen sollen, ist die von Art. 33 Abs. 2 Nr. 2, Nr. 3 BayPAG geforderte „öffentliche Zugänglichkeit" der zu überwachenden Bereiche bei ULS, welche aufgrund ihrer Flughöhe Blicke über Hecken oder in höhergelegene Fenster, also in Areale, die der Öffentlichkeit normalerweise entzogen sind, ermöglichen, mehr als zweifelhaft.[95] Letztlich erscheinen also die Art. 47 Abs. 1 Nr. 1, Art. 33 Abs. 2 Nr. 2 und Nr. 3 BayPAG nicht als ausreichende Rechtsgrundlagen für Eingriffe in den Schutzbereich des Art. 13 GG. Beim Einsatz von ULS in bewohnten Gebieten muss daher, etwa durch entsprechende Gestaltung der Flugroute bzw. Wahl der Flughöhe oder – soweit möglich – gegebenenfalls intelligentes Zielpersonentracking sowie automatisierte Privatzonenausblendung/-verpixelung, jeder Einblick in Bereiche vermieden werden, die dem Wohnungsbegriff unterliegen.[96] Da die Varianten des Art. 33 Abs. 2 Nr. 2 und Nr. 3 BayPAG aber ohnehin auf bestimmte, kriminalitätsbelastete Orte gerichtet sind, dahingehende Videoüberwachungsmaßnahmen damit typischerweise eher auf längere Dauer angelegt sein dürften und der Einsatz eines ULS so dauerhaft Polizeibeamt*innen binden würde, um diese zu steuern, dürfte in solchen Situationen wahrscheinlich eher auf eine fest installierte polizeiliche Videoüberwachung zurückgegriffen werden. Darüber hinaus wird der pauschale Einsatz von Videoüberwachung an Orten i. S. d. Art. 33 Abs. 2 Nr. 2, Art. 13 Abs. 1 Nr. 2 lit. b) und lit. c) (z. B. Bordelle, Asylunterkünfte) in der Literatur abgelehnt.[97]

---

[94] Müller-Eiselt in: Möstl/Schwabenbauer, BeckOK Polizei- und Sicherheitsrecht, Art. 33 BayPAG, Rn. 50.

[95] Vgl. Kluckert in: Epping/Hillgruber, BeckOK Grundgesetz, Art. 13 GG, Rn. 8; Vgl. Schwabenbauer in: Lisken/Denninger, Handbuch des Polizeirechts, G., Teil I., Rn. 68.

[96] Vgl. Müller-ter Jung/Rexin, Datenschutz beim polizeilichen Drohneneinsatz, S. 653, Rn. 88, 90.

[97] Vgl. Müller-Eiselt in: Möstl/Schwabenbauer, BeckOK Polizei- und Sicherheitsrecht, Art. 33 BayPAG, Rn. 54.

Letztlich fällt auf, dass lediglich Art. 47 Abs. 1 Nr. 1, Art. 33 Abs. 2 Nr. 1 Bay-PAG – anders als Art. 33 Abs. 2 Nr. 2 und 3 BayPAG – keine Beschränkung auf öffentliche oder öffentlich zugängliche Orte enthält, sodass sich die Frage stellt, ob hiernach eine offene Videoüberwachung mit ULS, welche mit Eingriffen in Art. 13 GG einhergeht, zulässig wäre. Sollte der Einsatz eines ULS beispielsweise unmittelbar in einer Wohnung erfolgen und zu einer „optischen Überwachung" derselben führen oder für eine solche objektiv geeignet sein, ist festzustellen, dass Art. 33 Abs. 2 Nr. 1 BayPAG den hierfür gemäß Art. 13 Abs. 4 GG erforderlichen Richter- bzw. Anordnungsvorbehalt sowie Verfahrensregeln, wie z. B. bei der Bodycam in Art. 33 Abs. 4 S. 3 bis S. 6 BayPAG, vermissen lässt.[98] Auch eine gesetzliche Regelung für Fälle des ULS-Einsatzes zur Eigensicherung in Wohnungen mit dem in Art. 13 Abs. 5 GG hierfür festgelegten Richter- bzw. Anordnungsvorbehalt nebst Zweckbindung lässt sich Art. 33 Abs. 2 Nr. 1 BayPAG nicht entnehmen.[99] Insofern ist festzuhalten, dass ein Einsatz von ULS, der auf die „optische Überwachung" von Bereichen, die dem Wohnungsbegriff unterfallen, abzielt oder dafür objektiv geeignet ist – selbst wenn dies der Eigensicherung der eingesetzten Polizeibeamt*innen dienen sollte – derzeit in Bayern nicht hinreichend gesetzlich geregelt und somit rechtlich nicht möglich ist.

Anders zu betrachten sind hingegen unter Umständen Fälle, in denen ein ULS-Einsatz gemäß Art. 13 Abs. 7 GG mit sonstigen Eingriffen in Art. 13 GG, ohne gleichzeitige erkennbare Eignung für eine optische Wohnraumüberwachung einhergehen kann. Denkbar wäre hierbei z. B. bei der Suche nach vermissten Personen mit Wärmebildkameras ein Vorbeifliegen an Wohngebieten mit ausreichend großem seitlichen Abstand sowie entsprechender Flughöhe. Obwohl insbesondere Art. 33 Abs. 2 Nr. 1 lit. a) BayPAG typische Elemente des Art. 13 GG, wie z. B. einen Richtervorbehalt, nicht enthält, wird in der Literatur vertreten, dass die Norm – im Wege der verfassungskonformen Auslegung – trotzdem als Befugnisnorm für sonstige Eingriffe in das Grundrecht der Unverletzlichkeit der Wohnung herangezogen werden könne, sofern die Voraussetzungen des Art. 13 Abs. 7 GG gegeben seien.[100] *„Ebenfalls führt […] die fehlende Konkretisierung des Beobachtungsorts oder der zu schützenden Rechtsgüter nicht zur Unbestimmtheit und damit zur Verfassungswidrigkeit der Norm. Eine Konkretisierung des Beobachtungsorts ist mit Blick auf […] die Auffangfunktion des Abs. 2 Nr. 1 lit. a […] nicht leistbar. […]*

---

[98] Vgl. Schwabenbauer in: Lisken/Denninger, Handbuch des Polizeirechts, Rn. 73 f.; Vgl. Kluckert in: Epping/Hillgruber, BeckOK Grundgesetz, Art. 13 GG, Rn. 20; Vgl. Gusy, Polizei- und Ordnungsrecht, S. 115 ff., Rn. 211 f.

[99] Vgl. Kluckert in: Epping/Hillgruber, BeckOK Grundgesetz, Art. 13 GG, Rn. 22.

[100] Vgl. Müller-Eiselt in: Möstl/Schwabenbauer, BeckOK Polizei- und Sicherheitsrecht, Art. 33 BayPAG, Rn. 47.

Dass im Einzelfall die Anwendung des Art. 33 Abs. 2 Nr. 1 lit. a zu keinen übermäßigen Eingriffen [...] führt, leistet schließlich der Verhältnismäßigkeitsgrundsatz."[101] Art. 13 Abs. 7 GG ist ein „*subsidiäre*[...][r] *Auffangtatbestand für Eingriffe und Beschränkungen, die weder eine Durchsuchung noch eine technische Wohnraumüberwachung darstellen*"[102]. Ermöglicht werden so mittels Art. 13 Abs. 7 Alt. 1 GG – entweder wie teilweise in der Literatur vertreten sogar ohne eine weitere explizite gesetzliche Befugnis oder ergänzend gestützt auf Art. 47 Abs. 1 Nr. 1, Art. 33 Abs. 2 Nr. 1 lit. a) BayPAG – bei konkreten bzw. gemeinen Gefahren mit einem drohenden, „*unüberschaubar hohe*[...][n] *Schaden für eine unbestimmte Vielzahl von Personen oder vermögenswerten Rechtsgütern* [...], *wie zB* [sic] *bei Überschwemmungen,* [...] *Seuchen-, Feuer-, Explosions- oder Einsturzgefahr*"[103] Eingriffe in das Grundrecht der Unverletzlichkeit der Wohnung.[104] Art. 13 Abs. 7 Alt. 2 GG erlaubt zudem die Schaffung von Rechtsgrundlagen, wie z. B. Art. 33 Abs. 2 Nr. 1 lit. b), Art. 11 Abs. 2 BayPAG, zur Abwehr dringender Gefahren für hochrangige Rechtsgüter.[105] Ob die in Art. 11 Abs. 2 BayPAG normierten bedeutenden Rechtsgüter hierfür ausreichen, muss im jeweiligen Einzelfall beurteilt werden.

Gerade der mobile Einsatz von ULS aufgrund vorbeschriebener Einsatzlagen, z. B. die Suche nach vermissten Personen, erfordert abschließend – gerade in akuten Fällen bzw. bei vielen potentiellen Betroffenen – die konsequente Wahrung der Offenheit der Maßnahme (siehe Ziff. 2.2.4). Am effektivsten wäre hierfür wohl tatsächlich die Ausstattung von ULS mit deutlichen hörbaren, akustischen und eventuell optischen Signalen analog zu herkömmlichen Streifenfahrzeugen oder die Begleitung mit polizeilichen Fahrzeugen und Lautsprecherdurchsagen, da z. B. eine ausreichende Beschilderung des öffentlichen Raums im Eilfall bzw. in mobilen Lagen nicht möglich sein dürfte. Da akustische Signale von polizeilichen Fahrzeugen bekannt und akzeptiert sind, dürfte Derartiges grundsätzlich auch bei ULS vermittelbar sein. Die Gewährleistung der Offenheit dürfte aber – genauso wie wohl letztlich auch die Befugnis des Art. 33 Abs. 2 Nr. 1 BayPAG – in vielen denkbaren mobilen Einsatzlagen für ULS eher eine untergeordnete Rolle spielen, da in akuten Gefahrensituationen für Leib und Leben wie z. B. Geisellagen, das Verfolgen einer gefährlichen Person, Hinweise auf Sprengkörper im Haus einer Schutzperson, usw., häufig ohnehin ein verdeckter ULS-Einsatz (z. B. Art. 47 Abs. 1 Nr. 2, Nr. 3, Art.

---

[101] Müller-Eiselt in: Möstl/Schwabenbauer, BeckOK Polizei- und Sicherheitsrecht, Art. 33 BayPAG, Rn. 47.

[102] Kluckert in: Epping/Hillgruber, BeckOK Grundgesetz, Art. 13 GG, Rn. 24.

[103] Ebd., Art. 13 GG, Rn. 25.

[104] Vgl. ebd., Art. 13 GG, Rn. 25 f.

[105] Vgl. ebd., Art. 13 GG, Rn. 27 ff.

36, Art. 41 BayPAG, siehe ab Ziff. 2.3) möglich und gegebenenfalls vorzuziehen sein dürfte.

2.2.3 Art. 47 Abs. 1 Nr. 1, Art. 33 Abs. 3 BayPAG

Des Weiteren gestattet Art. 47 Abs. 1 Nr. 1 i. V. m. Art. 33 Abs. 3 Bay-PAG den offenen ULS-Einsatz zum Schutz besonders gefährdeter Objekte sowie deren unmittelbaren Nahbereichs.[106] Hierunter fallen typischerweise *„Versorgungsanlagen und -einrichtungen, Verkehrsanlagen und -einrichtungen, öffentliche Verkehrsmittel und Amtsgebäude [...], Religionsstätten, Denkmäler oder Friedhöfe"*[107].

Art. 33 Abs. 3 BayPAG

(3) *Die Polizei kann an oder in den in Art. 13 Abs. 1 Nr. 3 [BayPAG] genannten Objekten offen Bild[...]aufnahmen oder -aufzeichnungen von Personen anfertigen, soweit tatsächliche Anhaltspunkte die Annahme rechtfertigen, daß an oder in Objekten dieser Art Straftaten begangen werden sollen, durch die Personen, diese Objekte oder andere darin befindliche Sachen gefährdet sind.*

Art. 13 Abs. 1 Nr. 3 BayPAG

3. *[...] Verkehrs- oder Versorgungsanlage oder -einrichtung, einem öffentlichen Verkehrsmittel, Amtsgebäude oder einem anderen besonders gefährdeten Objekt oder in unmittelbarer Nähe hiervon [...]*

Sofern beispielsweise also keine konkrete oder drohende Gefahr i. S. d. Art. 33 Abs. 2 Nr. 1 BayPAG vorliegen sollte, wäre es möglich, z. B. gefährdete Gebäude mittels dieser Variante des Art. 33 BayPAG zu überwachen. Anders als bei Art. 33 Abs. 2 Nr. 2 und Nr. 3 BayPAG erfordert Art. 33 Abs. 3 BayPAG gerade keine Gefährdung für eine bestimmte lokalisierbare Örtlichkeit, sondern es reicht auch

---

[106] Vgl. Müller/Schwabenbauer in: Lisken/Denninger, Handbuch des Polizeirechts, G., Teil II., Rn. 673.

[107] Ebd., Rn. 673.

aus, wenn Örtlichkeiten eines bestimmten Typs aufgrund tatsächlicher Anhaltspunkte für die Begehung von Straftaten als gefährdet angesehen werden können.[108] Gerade weitläufige Anlagen der kritischen Infrastruktur, wie z. B. Stromleitungen oder Bahngleise, könnten – die Wahrung der Offenheit vorausgesetzt – mit ULS besonders gut „abgeflogen" und so überwacht bzw. geschützt werden.[109] Soweit damit, beispielsweise durch Vorbeifliegen an bewohntem Gebiet, unbeabsichtigt Eingriffe in Art. 13 GG – ohne die optische Überwachung dieser Bereiche – verbunden sein sollten, wären aber auch hier zusätzlich die Anforderungen des Art. 13 Abs. 7 GG zu beachten.

2.2.4   Gewährleistung der Offenheit, Art. 47 Abs. 2 BayPAG

Art. 47 Abs. 2 BayPAG stellt nochmals klar, dass gerade die Offenheit der Videoüberwachung mittels ULS i. S. d. Art. 47 Abs. 1 Nr. 1 BayPAG von besonderer Bedeutung ist. Als Beispiele für die Gewährleistung der Offenheit des Drohneneinsatzes kommen *„auffällige Markierungen am Fluggerät*[,] *[...] Lautsprecherdurchsagen"*[110] *„sowie neue digitale Instrumente, wie [...] die lokale Übertragung von Informationen über den Aufnahmestatus der Kamera an die Mobilfunkgeräte der unmittelbar Betroffenen"*[111], explizit gekennzeichnete Bekleidung polizeilicher Drohnenpilot*innen und zuletzt Hinweisschilder bei den Zugängen zu überwachten Veranstaltungsbereichen in Betracht.[112]

---

[108] Vgl. Müller-Eiselt in: Möstl/Schwabenbauer, BeckOK Polizei- und Sicherheitsrecht Bayern, Art. 33 BayPAG, Rn. 58 f.

[109] Vgl. BT-Drs. Deutscher Bundestag 17/8693, Änderung des Luftverkehrsgesetzes zum Drohnen-Einsatz, S. 10.

[110] Zöller/Ihwas, Rechtliche Rahmenbedingungen des polizeilichen Flugdrohneneinsatzes, S. 412, Vgl. auch VG Sigmaringen, Urteil v. 20.10.2020, 14 K 7613/18, BeckRS 2020, 41267, Rn. 64 f.; Vgl. auch LT-Drs. Bayern 18/28260, Polizeidrohne im Rahmen des Fußballspiels SSV Jahn Regensburg – Hannover 96, S. 5.

[111] Krumm, Polizeiliche Drohnenüberwachung einer Versammlung, S. 1020.

[112] Vgl. Teubert, Eingriffsrecht Bayern, S. 136.

Art. 47 Abs. 2 BayPAG

(2) ^{1}*In den Fällen des Abs. 1 Nr. 1 dürfen unbemannte Luftfahrtsysteme nur dann eingesetzt werden, wenn die Offenheit der Maßnahme gewahrt bleibt.* ^{2}*In diesen Fällen soll auf die Verwendung unbemannter Luftfahrtsysteme durch die Polizei gesondert hingewiesen werden.*

Hierbei fällt auf, dass Art. 47 Abs. 1 S. 1 Nr. 1 BayPAG explizit keinen Bezug auf Art. 33 Abs. 6 S. 1 BayPAG nimmt, welcher bei Videoüberwachungsmaßnahmen üblicherweise Ausnahmen für die polizeiliche Hinweispflicht bei „Offenkundigkeit" sowie Gefahr im Verzug vorsieht. Inkonsequenterweise ist Art. 47 Abs. 2 S. 2 BayPAG aber wiederum lediglich als „Soll-Vorschrift" ausgestaltet, sodass letztlich nicht ganz klar ist, wann nun ein ausdrücklicher polizeilicher Hinweis speziell auf ein ULS tatsächlich verpflichtend ist. Dies wurde bereits im Zuge der Schaffung der Norm durch den Bayerischen Landesbeauftragten für den Datenschutz (BayLfD) kritisiert, der u. a. forderte, das „soll" in Art. 47 Abs. 2 S. 2 BayPAG durch ein „ist" zu ersetzen.[113] Nach dessen Auffassung müsse neben dem Verantwortlichen und der Offenheit der Videomaßnahme an sich, gerade auch die Verwendung eines ULS erkennbar sein.[114] Dies könnte grundsätzlich z. B. durch Schilder mit entsprechendem Piktogramm gewährleistet werden (siehe Abb. 2.4).

---

[113] Vgl. BayLfD, Stellungnahme zum Gesetz zur Neuordnung des Bayerischen Polizeirechts (PAG-Neuordnungsgesetz), S. 48.

[114] Vgl. BayLfD, 29. Tätigkeitsbericht 2019, Ziff. 3.5; Vgl. BayLfD, Stellungnahme zum Gesetz zur Neuordnung des Bayerischen Polizeirechts (PAG-Neuordnungsgesetz), S. 48.

Abb. 2.4
Hinweisbeschilderung zum
ULS-Einsatz des
Polizeipräsidiums
Niederbayern anlässlich der
Landshuter Hochzeit 2023.
(Quelle: Rippl, 02.07.2023,
Landshut)

Das VG Sigmaringen musste sich bereits einmal mit der Frage der hinreichenden Erkennbarkeit und Offenheit des Einsatzes von ULS beim Einsatz anlässlich eines Fußballspiels auseinandersetzen.[115] Das Gericht kritisierte im Ergebnis, dass die genutzten ULS für sich nicht polizeilich gekennzeichnet waren, sondern optisch zivilen bzw. privaten Drohnen entsprachen.[116] Der nach Angaben der Polizei teilweise *„sichtbar positionierte uniformierte Drohnenpilot"*[117], das vor Ort befindliche *„sichtbare[...] und gekennzeichnete[...] Polizeifahrzeug, das ihn begleitet habe"*[118] sowie allgemeine Hinweise auf Videoüberwachung in der Benutzerordnung des Fußballstadions wurden durch das Gericht nicht als ausreichend angesehen, insbesondere da die Drohne den nicht spezifisch als Drohnenpilot*innen gekennzeichneten Polizeibeschäftigten nicht klar zuzuordnen gewesen sei.[119] Nach Einschätzung des VG Sigmaringen wären z. B. *„gut sicht- und lesbar angebrachte Hinweisschilder [...], die unzweideutig über die polizeiliche Videoüberwachung*

---

[115] Vgl. VG Sigmaringen, Urteil v. 20.10.2020, 14 K 7613/18, BeckRS 2020, 41267, Rn. 1 ff.

[116] Vgl. ebd., Rn. 60 f.

[117] Ebd., Rn. 60.

[118] Ebd., Rn. 60.

[119] Vgl. VG Sigmaringen, Urteil v. 20.10.2020, 14 K 7613/18, BeckRS 2020, 41267, Rn. 60 ff.

informieren"[120], erforderlich gewesen. Als nicht ausreichend wahrnehmbar bzw. letztlich rechtswidrig erachtete darüber hinaus das VG Freiburg einen Drohneneinsatz bei einer Versammlung mit ca. 20.000 bis 30.000 Teilnehmenden, welcher sogar als faktisch verdeckte polizeiliche Maßnahme bewertet wurde.[121] Unter anderem führte das Gericht in seiner Urteilsbegründung Folgendes aus: *„Auch dürfte ein weißes Flugobjekt von circa 40 cm Durchmesser, das sowohl von einem Hochhausdach gestartet als auch [...] dort gelandet ist und die Versammlung aus einer Höhe von etwa 50 m bis 70 m beobachtet hat, lediglich zufällig visuell wahrgenommen worden sein. Ferner ist die Drohne weder aufgrund ihrer Farbe noch aufgrund einer – in dieser Entfernung ohnehin wohl kaum sichtbaren – Beschriftung gerade als staatliches Einsatzmittel zur Erstellung von Bildaufnahmen [...] erkennbar gewesen. Der Kläger selbst hat [...] Recherchen dazu angestellt, in wessen Verantwortungsbereich der Einsatz der Drohne zuzuordnen gewesen ist. Aus Sicht der Kammer hätte – eine Wahrnehmung der Drohne vorausgesetzt – auch eine Zuordnung zu einer journalistischen Tätigkeit oder dem Zweck einer medialen Darstellung der Versammlung durch die Initiatoren nahegelegen.*"[122]

Letztlich kann die Bestimmung des Art. 47 Abs. 2 S. 1 BayPAG wohl so interpretiert werden, dass die Norm – im Gegensatz zu Art. 33 Abs. 6 S. 1 BayPAG – eine ausnahmslose Pflicht zur Gewährleistung der Erkennbarkeit polizeilicher Videoüberwachung per se festschreibt. Ob ein weiterer ausdrücklicher Hinweis, dass die polizeiliche Videoüberwachung mittels ULS erfolgt, erforderlich ist, scheint gemäß Art. 47 Abs. 2 S. 2 BayPAG im Rahmen einer Ermessensprüfung bewertet werden zu müssen. Das bedeutet im Umkehrschluss, dass ein Verzicht auf den gesonderten ULS-Hinweis nicht ohne sachgerechte Begründung möglich ist. Falls der Hinweis unterbleibt, sollte der Entscheidungsprozess aufgrund der Rechenschaftspflicht (Art. 66 S. 1 BayPAG, Art. 28 Abs. 1 S. 1 Nr. 1, Abs. 2 S. 1 Nr. 2 BayDSG, Art. 5 Abs. 2 DSGVO) dokumentiert werden. Für die grundsätzliche Erforderlichkeit des gesonderten Hinweises auf ein ULS spricht, dass Betroffene nur auf diese Weise überhaupt die Möglichkeit haben, ein anwesendes ULS der Polizei als Verantwortlichem zuzuordnen, sofern dieses – unabhängig von dessen Flughöhe – nicht für sich eindeutig als polizeiliches Einsatzmittel zu erkennen sein sollte.

---

[120] Ebd., Rn. 64.

[121] Vgl. VG Freiburg, Urteil v. 29.07.2021, 10 K 4722/19, BeckRS 2021, 25458, Rn. 2, 26, 42 f., 46 f.

[122] Ebd., Rn. 43.

2.3 Besondere Mittel der Datenerhebung, Art. 47 Abs. 1 Nr. 2 BayPAG

Art. 47 Abs. 1 Nr. 2, Art. 36 Abs. 1 BayPAG gestattet die Verwendung von ULS bei besonderen Mitteln der Datenerhebung, also bei der längerfristige Observation sowie beim verdeckten Einsatz technischer Mittel zu bestimmten polizeilichen Zwecken.

Art. 36 Abs. 1 BayPAG

(1) *Besondere Mittel der Datenerhebung sind*
1. *die planmäßig angelegte Beobachtung einer Person, die durchgehend länger als 24 Stunden oder an mehr als zwei Tagen durchgeführt werden soll (längerfristige Observation),*
2. *der verdeckte Einsatz technischer Mittel [...]*
    b) *zur Feststellung des Standortes oder der Bewegungen einer Person oder einer beweglichen Sache, mit dem Ziel der Erstellung eines Bewegungsbildes,*
    c) *zur Feststellung des Standortes oder der Bewegung einer Person oder einer beweglichen Sache, ohne dass ein Bewegungsbild erstellt werden soll,*
    d) *zur Anfertigung von Bildaufzeichnungen außerhalb von Wohnungen, auch unter Verwendung von Systemen zur automatischen Erkennung und Auswertung von Mustern im Sinn von Art. 33 Abs. 5 und zum automatischen Datenabgleich,*
    e) *zur Anfertigung von Bildaufnahmen außerhalb von Wohnungen, auch unter Verwendung von Systemen zur automatischen Erkennung und Auswertung von Mustern im Sinn von Art. 33 Abs. 5 und zum automatischen Datenabgleich.*

Die Literatur geht davon aus, dass *„bei allen Varianten des Einsatzes besonderer Mittel der Datenerhebung nach Art. 36 Abs. 1 [...] Daten [...] [mittels ULS] erhoben werden dürfen"*[123] und erwähnt im Rahmen des Art. 47 Abs. 1 Nr. 2, Art. 36 Abs. 1 BayPAG folgende, mögliche Verwendungsarten: Ein Autor geht davon aus, dass ULS aufgrund ihrer Unauffälligkeit grundsätzlich für eine *„Observation von Personen außerhalb [...] ihrer Wohnung"*[124] oder z. B. für die verdeckte Beobachtung

---

[123] Müller-Eiselt in: Möstl/Schwabenbauer, BeckOK Polizei- und Sicherheitsrecht Bayern Art. 36 BayPAG, Rn. 44a.

[124] Buckler in: Möstl/Schwabenbauer, BeckOK Polizei- und Sicherheitsrecht Bayern, Art. 47 BayPAG, Rn. 3.

gefährlicher Personen, die an Versammlungen oder Veranstaltungen teilnehmen, geeignet sein könnten.[125] Da die Datenerhebungsgeneralklausel, Art. 32 BayPAG, nicht von Art. 47 Abs. 1 BayPAG aufgegriffen wird, ist der Einsatz von ULS bei kurzfristigen Observationen nicht zulässig.[126] Eingriffe in das Grundrecht der Unverletzlichkeit der Wohnung, Art. 13 GG, sind außerdem nur unter zusätzlichen Voraussetzungen (z. B. Art. 41 BayPAG) möglich.[127] Gemäß Art. 47 Abs. 3 BayPAG muss immer dann, wenn eine der in Art. 47 Abs. 1 BayPAG erwähnten Grund-Maßnahmen eine richterliche Anordnung erfordert, diese auch das ULS erfassen, wenn und soweit die Verwendung des Einsatzmittels beabsichtigt wird.[128] Hierbei fällt auf, dass Art. 47 BayPAG – anders als beim Richtervorbehalt – keine Bestimmung zur Umsetzung des Anordnungsvorbehalts bezüglich Polizeipräsident*innen bzw. Polizeivollzugsbeamt*innen, die die Ausbildungsqualifizierung für die Ämter ab der vierten Qualifikationsebene absolviert haben, enthält. Dies lässt den Schluss zu, dass bei Maßnahmen nach Art. 47 Abs. 1 Nr. 2, Art. 36 Abs. 1 Nr. 2 lit. c), lit. d), lit. e) BayPAG (Standortfeststellung ohne Bewegungsbild, Bildaufnahmen und -aufzeichnungen außerhalb von Wohnungen), die gemäß Art. 36 Abs. 4 BayPAG nicht unter Richtervorbehalt stehen, unabhängig von der Anordnungsbefugnis für die Grund-Maßnahme, prinzipiell jede*r Polizeivollzugsbeamt*in selbst entscheiden kann, ob hierbei im Besonderen ein ULS oder ein anderes technisches Mittel zum Einsatz kommt.

Nicht ganz klar wird auf den ersten Blick, ob bzw. in welchem Umfang gerade der ULS-Einsatz hinsichtlich der in Art. 36 Abs. 2 BayPAG genannten Personengruppen (v. a. Kontakt- und Begleitpersonen, Personen i. S. d. Art. 10 BayPAG sowie unbeteiligte Dritte) im Einzelfall tatsächlich zulässig ist. Gerade bezüglich der Befugnis zur Datenerhebung zu Lasten Unbeteiligter gemäß Art. 36 Abs. 2 S. 2 BayPAG stellt sich nämlich besonders die Frage, wie sich das Potential von ULS große Flächen und damit zahlreiche Unbeteiligte zu erfassen, auf die Zulässigkeit des Einsatzmittels auswirkt. Relativ unproblematisch dürfte dementsprechend zwar noch das Verfolgen z. B. von Gefährder*innen zur Nachtzeit bzw. in dünn besiedelten, ländlichen Gegenden oder Waldgebieten sein, unter Umständen aber

---

[125] Vgl. ebd., Art. 47 BayPAG, Rn. 14.3.

[126] Vgl. Müller-Eiselt in: Möstl/Schwabenbauer, BeckOK Polizei- und Sicherheitsrecht Bayern Art. 36 BayPAG, Rn. 27.

[127] Vgl. Schmidbauer in: Schmidbauer/Steiner, PAG/POG, Art. 36 BayPAG, Rn. 6; Vgl. Müller-Eiselt in: Möstl/Schwabenbauer, BeckOK Polizei- und Sicherheitsrecht Bayern, Art. 36 BayPAG, Rn. 31.

[128] Vgl. Buckler in: Möstl/Schwabenbauer, BeckOK Polizei- und Sicherheitsrecht Bayern, Art. 47 BayPAG, Rn. 19.

nicht Observationen Betroffener außerhalb von Wohnungen, z. B. in dicht besiedelten Innenstadtbereichen bzw. im Zusammenhang mit Menschenansammlungen. Da eine große Streubreite bzw. eine große Anzahl Betroffener dazu führen kann, einen Grundrechtseingriff zu intensivieren, kann man im Einzelfall gegebenenfalls zu der Auffassung kommen, dass ULS – jedenfalls bei Prüfung der Verhältnismäßigkeit – als Mittel der Datenerhebung bei Maßnahmen nach Art. 36 Abs. 1 BayPAG ausscheiden müssen, sofern hierdurch Unbeteiligte in einer Weise belastet würden, die zum Anlass der Maßnahme außer Verhältnis stünde.[129] *„Grundrechtseingriffe, die sowohl durch Verdachtslosigkeit als auch durch eine große Streubreite gekennzeichnet sind – bei denen also zahlreiche Personen in den Wirkungsbereich einer Maßnahme einbezogen werden, die in keiner Beziehung zu einem konkreten Fehlverhalten stehen und den Eingriff durch ihr Verhalten nicht veranlasst haben – weisen grundsätzlich eine hohe Eingriffsintensität auf"*[130]. Ein ULS dürfte gerade bei einem verdeckten Einsatz typischerweise wohl recht hoch fliegen, um hierdurch das Fluggeräusch zu verschleiern. So dürfte es wohl automatisch, z. B. bei der Verfolgung von Gefährdern in Menschenansammlungen, dazu kommen, dass eine große Fläche sowie viele Personen bzw. Unbeteiligte gleichzeitig erfasst werden. Da Art. 36 Abs. 2 S. 2 BayPAG aber verlangt, dass Datenerhebungen zu Lasten Dritter unvermeidbar sein müssen, ergibt sich daraus zwingend die Prüfung, ob durch Inanspruchnahme anderweitiger Mittel die Betroffenheit Dritter reduziert werden kann.[131] Letztlich ist – auch aufgrund der hohen Anforderungen – durchaus zu bezweifeln, ob der verdeckte Einsatz von ULS gemäß Art. 36 BayPAG im Zusammenhang mit Menschenansammlungen bzw. in Innenstädten überhaupt praxisrelevant ist, da mit zunehmender Anzahl anwesender Personen auch das Risiko steigt, dass das ULS von diesen entdeckt und so die Maßnahme enttarnt wird. Die Verfolgung von einzelnen Gefährdern durch zivile Polizeibeamt*innen sowie z. B. das verdeckte Anfertigen von Lichtbildern oder Videoaufzeichnungen mittels dienstlichem Mobiltelefon dürfte hierbei nicht nur deutlich unauffälliger sein, sondern auch die Anzahl betroffener Unbeteiligter erheblich reduzieren.

Demgegenüber stellt sich die – wohl eher theoretische – Frage, wie die vorbeschriebene Problematik bei einer offenen, längerfristigen Observation (Art. 36

---

[129] Vgl. Tomerius, „Drohnen" zur Gefahrenabwehr – Darf die Berliner Polizei nach jetziger Rechtslage Drohnen präventiv-polizeilich nutzen?, S. 484; Vgl. Schmidt, Aktuelle Befugnisnormen polizeilicher Drohnenaufklärung in Nordrhein-Westfalen, S. 135 f.; Vgl. BVerfG, Beschluss v. 04.04.2006, 1 BvR 518/02, BeckRS 2006, 23166, Rn. 117; Vgl. Müller-ter Jung/ Rexin, Datenschutz beim polizeilichen Drohneneinsatz, S. 649, Rn. 47.

[130] BVerfG, Beschluss v. 04.04.2006, 1 BvR 518/02, BeckRS 2006, 23166, Rn. 117.

[131] Vgl. Müller-Eiselt in: Möstl/Schwabenbauer, BeckOK Polizei- und Sicherheitsrecht Bayern Art. 36 BayPAG, Rn. 54 f.

Abs. 1 Nr. 1 BayPAG) mit Hilfe des offenen Einsatzes technischer Mittel bezüglich einer Person sowie vielen unbeteiligten Betroffenen zu beurteilen wäre. Grundsätzlich könnte bei einer offenen Observation mit Unterstützung eines ULS unter Umständen die Maßnahme nach Art. 36 Abs. 1 Nr. 1 BayPAG gegebenenfalls mit der offenen Videoüberwachung gemäß Art. 47 Abs. 1 Nr. 1, Art. 33 Abs. 2 Nr. 1 BayPAG kombiniert werden. Dies wäre gerade dann denkbar, wenn man davon ausgeht, dass die Heranziehung des Art. 36 Abs. 1 Nr. 2 BayPAG, der – anders als Art. 36 Abs. 1 Nr. 1 BayPAG – ausdrücklich nur den verdeckten Einsatz technischer Mittel regelt, für einen offenen ULS-Einsatz nicht möglich ist.[132] Allerdings könnte man in einer solchen Situation durchaus vertreten, dass auch aufgrund Art. 47 Abs. 3 BayPAG auch ein offener ULS-Einsatz gemäß Art. 47 Abs. 1 Nr. 1, Art. 33 Abs. 2 Nr. 1 BayPAG richterlich mitangeordnet werden müsste, da Art. 36 Abs. 3, Abs. 1 Nr. 1 BayPAG einen Richtervorbehalt für eine längerfristige Observation vorsieht. In einer solchen Konstellation ergäbe sich jedoch die Besonderheit, dass die Bayerische Polizei – sofern beispielsweise (auch unbeteiligte) Betroffene nachfragen sollten, was denn der Grund der Anwesenheit einer Drohne in einem Wohngebiet sei – gemäß Art. 31 Abs. 3 S. 3 BayPAG an sich dazu verpflichtet ist, auf Verlangen über die Rechtsgrundlage einer Datenerhebung zu informieren. In diesem Fall müsste die Polizei also durch Angabe der Rechtsgrundlage unter Umständen offenlegen, dass eine Person vor Ort ist, die ein erhebliches Gefahrenpotential aufweist. Diese Information würde sich wahrscheinlich über die sozialen Netzwerke schnell verbreiten und könnte im schlimmsten Fall zu Panikreaktionen der anwesenden Personen führen. Ungeachtet der grundlegenden Diskussion, ob eine *„offene Dauerüberwachung"*[133] letztlich überhaupt von Art. 36 Abs. 1 Nr. 1 BayPAG umfasst ist, erscheint diese Maßnahme unter Heranziehung von ULS aufgrund der zuletzt dargestellten Problematik, außerdem der erheblichen Öffentlichkeitswirksamkeit eines solchen offenen ULS-Einsatzes (z. B. bei Gewährleistung der Erkennbarkeit mittels Lautsprecher) sowie der unter Umständen massiven „Prangerwirkung" zu Lasten der originär von der Maßnahme betroffenen Person ohnehin kaum als praktikables Anwendungsfeld.[134]

---

[132] Vgl. Müller-Eiselt in: Möstl/Schwabenbauer, BeckOK Polizei- und Sicherheitsrecht Bayern Art. 36 BayPAG, Rn. 10.2.

[133] Ebd., Art. 36 BayPAG, Rn. 10.1.

[134] Vgl. ebd., Art. 36 BayPAG, Rn. 10, 10.1 ff., 28.

2.4 Wohnungsüberwachung, Art. 47 Abs. 1 Nr. 3 BayPAG

Auch der verdeckte Einsatz von ULS als technisches Mittel zum „*Anfertigen und Aufzeichnen von Bildaufnahmen in und aus Wohnungen*"[135] ist gemäß Art. 47 Abs. 1 Nr. 3, Art. 41 Abs. 1 BayPAG vorgesehen. „*Denkbar ist etwa die* [...] *(verdeckte) Observation von Personen* [...] *(durch Fenster) innerhalb ihrer Wohnung.*"[136] Auch kann „[...] *nicht ausgeschlossen werden* [...], *dass die technische Entwicklung von ULS in Zukunft so weit voranschreitet, dass* [...] *ein ULS so klein und unauffällig ist, dass innerhalb einer Wohnung eine mobile Überwachung möglich ist* [...]".[137] Vorstellbar für einen solchen ULS-Einsatz erscheinen gegebenenfalls Bedrohungslagen oder Geiselnahmen unter Familienmitgliedern in Privatwohnungen, sofern die Polizei über derart unauffällige ULS oder solche, die durch hochwertige Zoomfunktionen Bildaufnahmen durch die Fenster eines Mehrfamilien- oder Hochhauses anfertigen können, verfügen sollte.

Art. 41 Abs. 1, Abs. 2 BayPAG

(1) *¹Die Polizei kann auf Anordnung durch den Richter durch den verdeckten Einsatz technischer Mittel in oder aus Wohnungen* [...] *personenbezogene Daten über die für eine Gefahr Verantwortlichen erheben, wenn dies erforderlich ist zur Abwehr einer dringenden Gefahr für ein in Art. 11a Abs. 2 Nr. 1, 2 oder Nr. 4 genanntes bedeutendes Rechtsgut.* [...]
³Die Daten können erhoben werden, indem [...] *Bildaufnahmen oder - aufzeichnungen, auch unter Verwendung von Systemen zur automatischen Steuerung, angefertigt werden.* [...]

(2) *¹In den Fällen des Abs. 1 Satz 2 Nr. 1 und 2 ist eine nur automatische Aufzeichnung nicht zulässig. ²Soweit begründete Zweifel bestehen, ob ein Fall des Art. 49 Abs. 3 Satz 1 vorliegt, oder wenn* [...] *anzunehmen ist, dass Gespräche geführt werden, die einen unmittelbaren Bezug zu den in Abs. 1 Satz 1 genannten Gefahren haben, darf eine Maßnahme nach Abs. 1 Satz 1 in Form einer ausschließlich automatischen Aufzeichnung fortgeführt werden.*

---

[135] Schmidbauer in: Schmidbauer/Steiner, PAG/POG, Art. 41 BayPAG, Rn. 1.

[136] Buckler in: Möstl/Schwabenbauer, BeckOK Polizei- und Sicherheitsrecht Bayern, Art. 47 BayPAG, Rn. 3; Auch Buckler, (Verfassungs-)Rechtliche Rahmenbedingungen für den polizeilichen Einsatz sog. „Drohnen", S. 23.

[137] Buckler in: Möstl/Schwabenbauer, BeckOK Polizei- und Sicherheitsrecht Bayern, Art. 47 BayPAG, Rn. 10.

Auf die Befugnis gemäß Art. 41 Abs. 1, Art. 11a Abs. 2 Nr. 1, 2, 4 BayPAG kann nur bei dringenden Gefahren für den Bestand oder die Sicherheit des Bundes oder eines Landes, für Leben, Gesundheit oder Freiheit oder für Anlagen der kritischen Infrastruktur sowie für Kulturgüter von mindestens überregionalem Rang zurückgegriffen werden. Art. 41 BayPAG ist gegenüber Art. 36 Abs. 1 Nr. 2 lit. d), lit. e) BayPAG die vorrangige Spezialvorschrift für den verdeckten Einsatz technischer Mittel in Wohnungen.[138] Wenn die Polizei in Fällen des Art. 41 Abs. 1 Satz 2 Nr. 1 und 2 BayPAG eine Wohnung optisch überwacht bzw. Lichtbilder oder Videoaufnahmen bzw. -aufzeichnungen anfertigt, müssen Polizeibeamt*innen außer in speziell geregelten Ausnahmefällen *„die ganze Zeit live"*[139] mitschauen, um bei der Erhebung von Kernbereichsdaten gegebenenfalls abbrechen zu können, da eine rein automatisierte Verarbeitung im Grundsatz nicht vorgesehen ist.[140] Einige Autoren gehen davon aus, dass es sich hierbei um eine sehr seltene polizeiliche Maßnahme handelt, sodass davon auszugehen ist, dass dahingehend – jedenfalls aktuell – keine nennenswerte praktische Relevanz hinsichtlich der Verwendung von ULS vorliegt, insbesondere, da nicht ersichtlich ist, wie jedenfalls mit derzeit handelsüblichen[141] ULS ein verdeckter Einsatz in einer Wohnung möglich sein soll.[142] Vorstellbar wäre allenfalls ein verdeckter Einsatz im vom Wohnungsbegriff gegebenenfalls noch umfassten Nahbereich der Wohnung, sofern eine hinreichend unauffällige, geräuscharme Variante vorliegt.[143] In diesem Fall – gerade bei sehr kleinen ULS – stellt sich allerdings die Frage, ob die Gewinnung aussagekräftiger Ergebnisse angesichts der bisherigen Akkulaufzeiten[144] solcher Geräte zielführend wäre. Diesbezüglich bleibt also die weitere technische Entwicklung abzuwarten.

---

[138] Vgl. Schmidbauer in: Schmidbauer/Steiner, PAG/POG, Art. 41 BayPAG, Rn. 17.

[139] Schmidbauer in: Schmidbauer/Steiner, PAG/POG, Art. 41 BayPAG, Rn. 100.

[140] Vgl. ebd., Art. 41 BayPAG, Rn. 100.

[141] Sogar kleine Spezialmodelle der Bundeswehr sind derzeit wohl noch nicht völlig unauffällig, vgl. z. B. https://www.bundeswehr.de/de/ausruestung-technik-bundeswehr/luf tsysteme-bundeswehr/black-hornet-pd-100-personal-reconnaissance, zuletzt abgerufen am 09.01.2024.

[142] Vgl. Schmidbauer in: Schmidbauer/Steiner, PAG/POG, Art. 41 BayPAG, Rn. 18; Vgl. Schwabenbauer in: Möstl/Schwabenbauer, BeckOK Polizei- und Sicherheitsrecht, Art. 41 BayPAG, Rn. 160.

[143] Vgl. Buckler, (Verfassungs-)Rechtliche Rahmenbedingungen für den polizeilichen Einsatz sog. „Drohnen", S. 23.

[144] Der Hersteller DJI gibt für die Modelle seiner DJI Mini Serie Akkulaufzeiten von aktuell lediglich zwischen 30 und 40 Minuten an, vgl. https://www.dji.com/de/products/camera-dro nes#mini-series, zuletzt abgerufen am 06.02.2024.

2.5   Sonstige Maßnahmen, Art. 47 Abs. 1 Nr. 4, Nr. 5 BayPAG

Art. 42 Abs. 1 bis 5 BayPAG ermöglicht grundsätzlich die *„Überwachung der Telekommunikation (Abs. 1 und 4) und der Quellen-TKÜ (Abs. 2) sowie des Einsatzes von technischen Mitteln zur Identifizierung und Lokalisierung von Mobilfunkendgeräten (Abs. 3) und zur Unterbrechung und Verhinderung von Kommunikationsverbindungen (Abs. 5)"*[145]. *„Auch wenn [...] ULS schon derzeit jedenfalls zur Ortung von Mobiltelefonen genutzt werden [...]"*[146], enthält Art. 42 BayPAG per se keine Befugnis hinsichtlich der im Rahmen dieser Masterarbeit maßgeblichen Anfertigung von Lichtbildern oder Videoaufnahmen/ -aufzeichnungen durch ULS, sodass nicht weiter auf diese Befugnisnorm eingegangen wird. Aus demselben Grund erfolgen auch keine weiteren Ausführungen zu Art. 45 BayPAG, der die Online-Durchsuchung regelt.[147]

2.6   Einsatz bei öffentlichen Versammlungen

Gemäß Art. 33 Abs. 9 BayPAG gilt für Bildaufnahmen oder -aufzeichnungen durch die Bayerische Polizei bei oder im Zusammenhang mit öffentlichen Versammlungen und Aufzügen Art. 9 Bayerisches Versammlungsgesetz (BayVersG), wonach die Polizei unter bestimmten Voraussetzungen auch bei Versammlungen befugt ist, Bildaufnahmen und -aufzeichnungen anzufertigen. Art. 47 BayPAG nimmt jedoch ausdrücklich keinen Bezug auf Art. 33 Abs. 9 BayPAG oder Art. 9 BayVersG. Dies kann so verstanden werden, dass der offene Drohneneinsatz in Bayern bei Versammlungen seitens des Gesetzgebers gerade nicht gewünscht war bzw. ist.[148] Noch im Jahr 2013 vertrat zumindest der Minister für Inneres und Kommunales des Landes Nordrhein-Westfalen folgende Auffassung: *„Im Rahmen von Großveranstaltungen, bei öffentlichen Versammlungen oder bei sonstigen größeren Menschenansammlungen ist ein Einsatz von UAS nicht zulässig."*[149]

---

[145] Bär in: Möstl/Schwabenbauer, BeckOK Polizei- und Sicherheitsrecht Bayern, Art. 42 BayPAG, Rn. 4.

[146] Buckler in: Möstl/Schwabenbauer, BeckOK Polizei- und Sicherheitsrecht Bayern, Art. 47 BayPAG, Rn. 3.

[147] Vgl. Petri in: Möstl/Schwabenbauer, BeckOK Polizei- und Sicherheitsrecht Bayern, Art. 45 BayPAG, Rn. 2.

[148] Vgl. Buckler in: Möstl/Schwabenbauer, BeckOK Polizei- und Sicherheitsrecht Bayern, Art. 47 BayPAG, Rn. 14.

[149] LT-Drs. Nordrhein-Westfalen 16/2090, Drohneneinsatz in Nordrhein-Westfalen, S. 2.

Gerade in Nordrhein-Westfalen ist jedoch zwischenzeitlich im Bereich des Versammlungsrechts offenkundig ein Stimmungswandel hinsichtlich polizeilicher ULS zu verzeichnen:

§ 16 Versammlungsgesetz des Landes Nordrhein-Westfalen (VersG NRW)

(1) *Die zuständige Behörde darf Bild[...]aufnahmen sowie entsprechende Aufzeichnungen von einer Person bei oder im Zusammenhang mit einer öffentlichen Versammlung [...] anfertigen, [...]. Die Aufnahmen und Aufzeichnungen dürfen auch angefertigt werden, wenn andere Personen unvermeidbar betroffen werden.*

(2) *Die zuständige Behörde darf Übersichtsaufnahmen von öffentlichen Versammlungen [...] zur Lenkung und Leitung des Polizeieinsatzes anfertigen, wenn dies wegen der Größe oder Unübersichtlichkeit der Versammlung im Einzelfall erforderlich ist. Die Übersichtsaufnahmen dürfen aufgezeichnet werden, soweit [...]. Die Identifizierung einer [...] abgebildeten Person ist nur zulässig, soweit die Voraussetzungen nach Absatz 1 vorliegen. [...]*

(3) *Aufnahmen und Aufzeichnungen sind offen und unter strikter Beachtung des Verhältnismäßigkeitsgrundsatzes vorzunehmen. [...] Verdeckte Bild[...]aufnahmen oder entsprechende Aufzeichnungen sind nur zulässig, wenn anderenfalls Leben oder die körperliche Unversehrtheit der die Aufnahme oder Aufzeichnung durchführenden Personen gefährdet würde.*

(4) *Die von einer Aufzeichnung [...] betroffene Person ist über die Maßnahme zu unterrichten [...]. [...] Auf den Einsatz unbemannter, ferngesteuerter oder sich autonom bewegender Fluggeräte (Drohnen) ist in geeigneter, für die Versammlungsteilnehmenden erkennbarer Weise hinzuweisen. [...]*

Eine dem § 16 Abs. 4 VersG NRW entsprechende Bestimmung für ULS findet sich im BayVersG bislang nicht. Hinsichtlich der Formulierung fällt jedoch auf, dass § 16 Abs. 4 VersG NRW lediglich die Erkennbarkeit bzw. die Hinweispflicht bezüglich eines ULS-Einsatzes bei einer Versammlung regelt, aber gerade keine Aussagen dazu trifft, wann ULS überhaupt eingesetzt werden dürfen. Hierdurch wird der Eindruck erweckt, als setze der Gesetzgeber in NRW die Verwendungsmöglichkeit von ULS im Rahmen der klassischen Videoüberwachungsmaßnahmen automatisch voraus, sobald deren Voraussetzungen vorliegen. Vor dem Hintergrund der obigen Bestimmung des Bundeslandes NRW stellt sich folglich die Frage, ob entsprechende ähnliche gesetzliche Anpassungen oder z. B. die Ergänzung des Art. 33 Abs. 9 BayPAG im Katalog des Art. 47 Abs. 1 BayPAG, auch in Bayern ausreichend wären, um den Drohneneinsatz bei Versammlungen rechtssicher zu ermöglichen. Im Wesentlichen stellt sich hierbei die Frage, inwiefern der Einsatz von ULS bei Versammlungen (zusätzlich) u. a. in Art. 8 des Grundgesetzes (GG) eingreift bzw. welche rechtlichen Rahmenbedingungen für Videoüberwachung mittels ULS vorliegen müssten, um diese zu rechtfertigen.[150]

In der Literatur wird vertreten, dass Übersichtsaufnahmen bzw. -aufzeichnungen einer Versammlung nicht nur Eingriffe in das Grundrecht auf informationelle Selbstbestimmung (Art. 2 Abs. 1, Art. 1 Abs. 1 GG) sind, sondern zudem aufgrund deren möglicher Einschüchterungswirkung auch das Grundrecht auf Versammlungsfreiheit gemäß Art. 8 GG tangieren.[151] Dies führt dazu, dass technische Mittel generell nur dann im Zusammenhang mit Versammlungen Verwendung finden dürften, sofern dahingehend eine hinreichend konkrete Rechtsgrundlage vorliegt.[152] Nach Auffassung eines Autors bestehe Anlass zu der Befürchtung, dass der Einsatz von ULS aufgrund deren Unauffälligkeit, Flughöhe bzw. geringer Größe häufig für Versammlungsteilnehmer*innen nicht erkennbar sei, sodass er daran anknüpfend die Frage aufwirft, ob der Einsatz eines ULS dementsprechend nicht in der Regel als verdeckte Maßnahme zu qualifizieren sei.[153] Dem ist – mit Blick auf die Bayerische Polizei – entgegenzuhalten, dass Art. 9 Abs. 1, Abs. 2 BayVersG die Anfertigung von Bildaufnahmen oder -aufzeichnungen ohnehin „nur offen"[154] gestattet. Eine verdeckte Videoüberwachung bei Versammlungen sieht jedenfalls das BayVersG im Gegensatz zu § 16 Abs. 3 VersG NRW gerade nicht vor.[155] Mit einer Aufnahme des Art. 33 Abs. 9 BayPAG in Art. 47 Abs. 1 Nr. 1 BayPAG könnte daher beispielsweise klargestellt werden, dass auch ULS bei Versammlungen nur nach Maßgabe des Art. 9 BayVersG – mithin lediglich offen – eingesetzt werden können.

Unabhängig davon, kommt es im Ergebnis für die Bayerische Polizei nicht auf die Diskussion an, ob eine verdeckte, polizeiliche Maßnahme bereits dann vorliegt, wenn sie aus Sicht der Betroffenen nicht erkennbar ist oder erst dann, wenn die Polizei gezielt versucht, eine stattfindende polizeiliche Maßnahme zu verbergen, da Art. 9 BayVersG derzeit keine verdeckte Videoüberwachung zulässt und die Polizei

---

[150] Vgl. Bemmelen, Kontrolle von Oben. Rechtliche Aspekte bei Polizeieinsätzen mit Drohnen, S. 7.

[151] Vgl. Roggan, Der Einsatz von Video-Drohnen bei Versammlungen, S. 591; Ähnlich: Vgl. Benöhr-Laqueur, 2018 – das Jahr, in dem die deutsche Polizei erstmals Drohnen gegen Gefährder einsetzte, S. 16 f.

[152] Vgl. Roggan, Der Einsatz von Video-Drohnen bei Versammlungen, S. 591.

[153] Vgl. Roggan, Der Einsatz von Video-Drohnen bei Versammlungen, S. 591.

[154] Ebd., S. 594.

[155] Vgl. ebd., S. 594.

ohnehin gesetzlich dazu verpflichtet ist, eine hinreichende Erkennbarkeit der offenen Videoüberwachung zu gewährleisten.[156] Wenn die Offenheit eine gesetzliche Anforderung der Videoüberwachung bzw. des ULS-Einsatzes darstellt, ergibt sich außerdem bereits aus der grundlegenden, datenschutzrechtlichen Rechenschaftspflicht der Bayerischen Polizei (Art. 66 S. 1 BayPAG, Art. 28 Abs. 1 S. 1 Nr. 1, Abs. 2 S. 1 Nr. 2 BayDSG, Art. 5 Abs. 2, Abs. 1 lit. a) DSGVO), dass diese auch nachweisen können muss, personenbezogene Daten rechtmäßig, also unter Beachtung sämtlicher gesetzlichen Vorgaben, und transparent verarbeitet zu haben. Hierbei ist zwar durchaus einzuräumen, dass Betroffenen die Inanspruchnahme von Rechtsschutzmöglichkeiten erschwert wird, falls die Vorgaben zur Gewährleistung der Offenheit eines ULS-Einsatzes missachtet würden. Letztlich besteht dieses Risiko allerdings bei vielen polizeilichen Maßnahmen und ist daher für sich genommen kein Argument gegen den Einsatz von ULS bei öffentlichen Versammlungen i. S. d. Art. 9, Art. 2 Abs. 3 BayVersG. Es ist allenfalls davon auszugehen, dass der ULS-Einsatz bei nicht-öffentlichen Versammlungen in Bayern nicht auf das BayVersG gestützt werden kann, da Art. 9 BayVersG für solche keine Anwendung findet (Art. 2 Abs. 3 BayVersG) und somit keine spezielle Ermächtigung für den Einsatz technischer Mittel in diesen Fällen vorliegt.[157]

Allerdings ist durchaus kritisch zu prüfen, ob insbesondere dem Einsatzmittel ULS eine spezifische, besonders einschüchternde Wirkung zukommen könnte, welche mit Blick auf die Wichtigkeit der Versammlungsfreiheit eine generelle oder gegebenenfalls anlassbezogene Beschränkung oder Unterlassung des ULS-Einsatzes bei Versammlungen erfordern könnte.[158] Wegweisend für derartige Überlegungen war in Bezug auf Flugobjekte z. B. das Urteil des Bundesverwaltungsgerichts (BVerwG) zum Flug eines Tornado-Kampfflugzeugs über einem *„Demonstranten-Camp"*[159]: *„Ein faktischer Eingriff in die Versammlungsfreiheit ist jedenfalls dann gegeben, wenn das staatliche Handeln einschüchternd oder abschreckend wirkt bzw. geeignet ist, die freie Willensbildung und die Entschließungsfreiheit derjenigen Personen zu beeinflussen, die an Versammlungen teilnehmen wollen. Dies kann nur aufgrund einer Würdigung der Umstände des jeweiligen Einzelfalls festgestellt werden, bei der ein objektiver Beurteilungsmaßstab anzulegen*

---

[156] Vgl. Roggan, Der Einsatz von Video-Drohnen bei Versammlungen, S. 591 f.; Vgl. Zöller/ Ihwas, Rechtliche Rahmenbedingungen des polizeilichen Flugdrohneneinsatzes, S. 411 f.; Vgl. Buckler, (Verfassungs-)Rechtliche Rahmenbedingungen für den polizeilichen Einsatz sog. „Drohnen", S. 27.

[157] Vgl. Buckler in: Möstl/Schwabenbauer, BeckOK Polizei- und Sicherheitsrecht Bayern, Art. 47 BayPAG, Rn. 14.2.

[158] Vgl. Roggan, Der Einsatz von Video-Drohnen bei Versammlungen, S. 592.

[159] BVerwG, Urteil v. 25.10.2017, 6 C 45/16, BeckRS 2017, 138147, Titel.

ist. Betrifft die staatliche Maßnahme nicht eine laufende Versammlung, sondern lediglich den geschützten Vorfeldbereich, ist bei der Gesamtwürdigung ein umso strengerer Maßstab anzulegen, je größer die räumliche oder zeitliche Entfernung zu der geschützten Versammlung ist und je weniger für die späteren Versammlungsteilnehmer daher ein Bezug der Maßnahme zu der späteren Versammlung erkennbar ist. [...] Der unangekündigte Tiefflug eines Kampfflugzeugs in einer Höhe von nur 114 m über ein Camp, das potenziellen Teilnehmern einer bevorstehenden Demonstration als ortsnahe Unterkunft dient, hat aus der Sicht eines durchschnittlichen Betroffenen einschüchternde Wirkung und ist deshalb als faktischer Eingriff in die Versammlungsfreiheit zu werten."[160] Hintergrund des Urteils waren der damalige G8-Gipfel in Heiligendamm sowie eine Bitte des Innenministeriums gegenüber dem Verteidigungsministerium, ein bestimmtes Gelände zu überfliegen, um hierdurch mögliche Gefährdungen der Veranstaltung zu erkennen sowie Bildaufnahmen des Areals anzufertigen.[161] In diesem Zusammenhang wurde auch das vorgenannte Camp, in dem sich Gegner*innen des G8-Gipfels eingefunden hatten, mit relativ geringer Flughöhe (ca. 114 m) mittels Kampflugzeug überflogen, hierbei Bildaufnahmen des Camps angefertigt und im Nachgang an die Polizei übermittelt.[162] Das BVerwG stellte zunächst fest, dass Bild- bzw. Übersichtsaufnahmen nicht als Datenerhebung zu qualifizieren seien, sofern *„mangels ausreichender Tiefenschärfe bzw. Auflösung* [eine Person] *nicht erkennbar [...] und [...] selbst mit technischen Hilfsmitteln*"[163] nicht identifizierbar sei.[164] Die polizeiliche Generalklausel wurde daher grundsätzlich als taugliche Rechtgrundlage für die Überflüge nebst Übersichtsaufnahmen bewertet, da das Camp selbst noch nicht als Versammlung im eigentlichen Sinne einzuordnen war.[165] Allerdings war das BVerwG durchaus der Auffassung, dass das Grundrecht der Betroffenen auf Versammlungsfreiheit nach Art. 8 GG *„unter dem Gesichtspunkt der Vorwirkungen der Versammlungsfreiheit berührt*"[166] und daher zu beachten gewesen wäre.[167] In der Gesamtschau bewertete daher das Gericht zwar im vorliegenden Fall nicht das Anfertigen der Übersichtsaufnahmen, aber dafür den Tiefflug über dem Camp

---

[160] Ebd., Leitsatz 3 und 4.

[161] Vgl. ebd., Rn. 2.

[162] Vgl. ebd., Rn. 3, 4.

[163] BVerwG, Urteil v. 25.10.2017, 6 C 45/16, BeckRS 2017, 138147, Rn. 15.

[164] Vgl. ebd., Rn. 15.

[165] Vgl. ebd., Rn. 16, 25.

[166] Ebd., Rn. 25.

[167] Vgl. ebd., Rn. 28 f., 31.

mittels Kampfflugzeug als *„faktischen Eingriff in die Versammlungsfreiheit"*[168], da eine derartige *„Zurschaustellung schwersten militärischen Gerätes"*[169] *„aus der Sicht eines durchschnittlichen Betroffenen im Hinblick auf die extreme Lärmentfaltung, den angsteinflößenden Anblick und die Überraschungswirkung im Kontext der bevorstehenden Demonstrationen gegen den G8-Gipfel einschüchternde Wirkung"*[170] gehabt habe.[171] Entscheidend bei dieser Beurteilung sei, ob *„das staatliche Handeln einschüchternd oder abschreckend wirkt bzw. geeignet ist, die freie Willensbildung und die Entschließungsfreiheit derjenigen Personen zu beeinflussen, die an Versammlungen teilnehmen wollen"*[172]. Das BVerwG stellte letzten Endes aber unmissverständlich klar, dass nur im Wege einer einzelfallbezogenen, möglichst objektiven Prüfung entschieden werden könne, ob eine polizeiliche Maßnahme eine unzulässige Einschüchterungswirkung mit sich bringe, wobei insbesondere auch die Aspekte der örtlichen und zeitlichen Nähe staatlicher Maßnahmen zur Versammlung sowie die Erwartbarkeit polizeilicher Einsatzmittel von Bedeutung sei.[173] Im vorliegenden Fall argumentierte das Gericht dementsprechend: *„Auch im Zusammenhang mit sicherheitsrelevanten Ereignissen und gewalttätigen Ausschreitungen bei Großdemonstrationen gehören tief fliegende Kampfflugzeuge – anders als etwa Wasserwerfer oder gepanzerte Radfahrzeuge – nicht zu den polizeilichen Einsatzmitteln, mit denen Versammlungsteilnehmer in der Bundesrepublik Deutschland üblicherweise rechnen müssen."*[174]

Anders als das BVerwG bewertete das VG Freiburg einige Jahre später sogar *„bloße[s] Beobachten durch den Einsatz der Drohne in der Gestalt von Übersichtsaufnahmen nach dem Kamera-Monitor-Prinzip – ohne dass diese Bilder aufgezeichnet worden sind – [...] [als] Eingriff in die Versammlungsfreiheit [...] gemäß Art. 8 Abs. 1 GG"*[175]. Aufgrund der zunehmenden technischen Möglichkeiten bestehe auch bei Übersichtsaufnahmen zumindest die Möglichkeit der Identifikation von Versammlungsteilnehmer*innen.[176] Dies sei bereits ausreichend, um auch eine bloße Livebild-Beobachtung in Echtzeit ohne Speicherung der Aufnahmen als

---

[168] Ebd., Rn. 32.

[169] Ebd., Rn. 40.

[170] Ebd., Rn. 32.

[171] Vgl. ebd., Rn. 37.

[172] Ebd., Rn. 32.

[173] Vgl. ebd., Rn. 34, 36, 41.

[174] BVerwG, Urteil v. 25.10.2017, 6 C 45/16, BeckRS 2017, 138147, Rn. 41.

[175] VG Freiburg, Urteil v. 29.07.2021, 10 K 4722/19, BeckRS 2021, 25458, Rn. 32.

[176] Vgl. ebd., Rn. 37.

Grundrechts-Eingriff zu bewerten.[177] Dies gelte unabhängig davon, ob die Polizei tatsächlich beabsichtigte, die Betroffenen anhand der Übersichtsaufnahmen zu identifizieren, wenn für die Versammlungsteilnehmer*innen keine Möglichkeit bestehe, festzustellen, ob bzw. welche technische Funktionalität (z. B. Zoom, Aufzeichnungsmodus) einer Kamera konkret genutzt wird.[178] *„Für den [...] Einschüchterungseffekt genügt daher die Präsenz einer auf die Teilnehmer gerichteten, einsatzbereiten Kamera [...].“*[179] Diese Sichtweise wird zum Teil insofern in der Literatur mit der Argumentation geteilt, dass das Bewusstsein, dass das eigene Verhalten ständig im Fokus der staatlichen Aufmerksamkeit steht oder stehen könne, möglicherweise dazu führen könne, dass Bürger*innen von der Wahrnehmung ihrer Grundrechte abgeschreckt werden (sogenannte *„Chilling Effects“*[180]).[181] *„Selbst wenn nur einige Wenige sich einschüchtern lassen, ist das aus der Perspektive der Verfassung eine empfindliche Einbuße für die Freiheitlichkeit. [...] Wo die Schwelle zum individuellen Grundrechtseingriff überschritten ist, wird das Gewicht dieser Eingriffe in der Verhältnismäßigkeitsprüfung daher nach ihren Auswirkungen nicht nur auf den konkreten Grundrechtsträger bemessen, sondern kann sich auch durch abschreckende Wirkungen auf die Freiheitsausübung in der Gesellschaft insgesamt erhöhen.“*[182]

Würdigt man diese Maßstäbe, ist festzuhalten, dass es sich bei Drohnen und Fesselballonen gerade nicht (nur) um klassisches Militärgerät, wie bei einem Kampfflugzeug handelt, da diese in der heutigen Zeit auch durch Privatpersonen und Firmen für verschiedenste Zwecke erworben und verwendet werden können. Zudem verbietet Art. 47 Abs. 4 BayPAG die Bewaffnung polizeilicher ULS. Aufgrund der gesetzlichen Normierung von ULS im BayPAG sowie der medialen Berichterstattung im Zusammenhang mit ULS-Einsätzen durch die Polizei, sind diese inzwischen auch nicht mehr als „unerwartbares" polizeiliches Einsatzmittel zu qualifizieren. Nichtsdestoweniger ist einzuräumen, dass ein Einschüchterungs- bzw. Überraschungseffekt, wenngleich sicherlich geringer als bei einem Kampfflugzeug, je nach Geschwindigkeit und Größe eines ULS, gerade bei unzureichender

---

[177] Vgl. ebd., Rn. 37.

[178] Vgl. ebd., Rn. 37.

[179] Ebd., Rn. 37.

[180] Hong in: Peters/Janz, Handbuch Versammlungsrecht, Teil B.I.6., Rn. 103; Assion, Überwachung und Chilling Effects, S. 31.

[181] Vgl. Hong in: Peters/Janz, Handbuch Versammlungsrecht, Teil B.I.6., Rn. 103; Vgl. Assion, Überwachung und Chilling Effects, S. 32.

[182] Hong in: Peters/Janz, Handbuch Versammlungsrecht, Teil B.I.6., Rn. 103.

Berücksichtigung der für den offenen Einsatz geltenden Hinweispflichten, im Einzelfall nicht ausgeschlossen sein kann.[183] Da aber das BVerwG den Einsatz eines Flugzeugs nicht per se ausschloss, sondern auf eine Einzelfallwürdigung verwies, kann daraus der Rückschluss gezogen werden, dass ein offener ULS-Einsatz durch die Bayerische Polizei bei Versammlungen durchaus möglich ist, sofern die Vorgaben des Art. 9 BayVersG – bei hinreichender Würdigung der Verhältnismäßigkeit unter Berücksichtigung des Gewichts der Versammlungsfreiheit im jeweiligen Einzelfall – beachtet werden.[184] Im Jahr 2018 äußerte sich das – damals noch so bezeichnete – Bayerische Staatsministerium des Innern, für Bau und Verkehr zwar noch dergestalt, dass der *„Einsatz bei Demonstrationen und anderen Versammlungen […] aufgrund der strengen rechtlichen Rahmenbedingungen vorerst nicht geplant [sei]"*[185]. Sollte der Bayerische Gesetzgeber diese Auffassung jedoch revidieren, könnte die Möglichkeit eines offenen ULS-Einsatzes z. B. mittels Ergänzung des Art. 33 Abs. 9 BayPAG in Art. 47 Abs. 1 Nr. 1 BayPAG klargestellt werden. Das VG Freiburg bewertete zumindest den *„Einsatz[…] polizeilicher Drohnen gerade zur Lenkung und Steuerung von Aufzügen zum Schutze von Versammlungsteilnehmern sowie Dritter"*[186] explizit als sinnvoll.[187] Zudem werden repressive, offene Drohneneinsätze gemäß Art. 9 Abs. 6 BayVersG i. V. m. § 100h Abs. 1 S. 1 Nr. 1, Abs. 2, 3 Strafprozessordnung (StPO) durch die Bayerische Polizei wohl bereits praktiziert.[188]

Um demgegenüber – analog NRW – den verdeckten Einsatz von ULS bei Versammlungen mittels Befugnissen des BayVersG zu ermöglichen, wäre eine inhaltliche Anpassung des Art. 9 BayVersG erforderlich. Festzuhalten ist hierbei aber, dass dies auch in NRW gemäß § 16 Abs. 3 VersG NRW nur dann vorgesehen ist, wenn anderenfalls das Leben oder die körperliche Unversehrtheit der die Aufnahme oder Aufzeichnung durchführenden Personen gefährdet würde. Aus der Gesetzesbegründung ergibt sich hierzu Folgendes: *„Um jeden Anschein polizeilichen „Schnüffelns" bei rechtmäßigen Versammlungen auszuschließen, ist bestimmt, dass*

---

[183] Vgl. VG Freiburg, Urteil v. 29.07.2021, 10 K 4722/19, BeckRS 2021, 25458, Rn. 44; Vgl. Krumm, Polizeiliche Drohnenüberwachung einer Versammlung, S. 1018.

[184] Vgl. Buckler, (Verfassungs-)Rechtliche Rahmenbedingungen für den polizeilichen Einsatz sog. „Drohnen", S. 25 f.

[185] Eck, Bayerisches Staatsministerium des Innern, für Bau und Verkehr, Schriftliche Anfrage des Herrn Abgeordneten Markus Rinderspacher vom 21.12.2017 betreffend Drohnen in Bayern, S. 13.

[186] VG Freiburg, Urteil v. 29.07.2021, 10 K 4722/19, BeckRS 2021, 25458, Rn. 68.

[187] Vgl. ebd., Rn. 68.

[188] Vgl. LT-Drs. Bayern 18/30516, Polizeidrohne im Rahmen des Fußballspiels FC Augsburg – Borussia Dortmund, S. 4 f.

die Aufnahmen und Aufzeichnungen grundsätzlich offen vorzunehmen sind [...].
Eine Ausnahme gilt bei einer Gefährdung des Polizeibeamten, der mit der Aufgabe
betraut ist, in diesem Fall sind verdeckte Bild- und Tonaufnahmen oder entspre-
chende Aufzeichnungen zulässig.[189] Aber auch dies wird vereinzelt in der Literatur
kritisiert: *„Im Vergleich zu offenen weisen nicht erkennbare Datenerhebungen eine*
wesentlich gesteigerte Eingriffsintensität auf. Aus Verhältnismäßigkeitsgründen
können sie [...] nur dann gerechtfertigt werden, wenn die anlassgebenden Verhal-
tensweisen anlässlich einer Versammlung unter freiem Himmel einer unmittelbaren
Gefahr für wichtige Gemeinschaftsgüter entsprechen und bestimmte Tatsachen die
Annahme rechtfertigen, dass eine offene Durchführung mit erheblichen, unmittel-
bar bevorstehenden Gefahren für die die Maßnahme vornehmenden Polizeibeamten
verbunden wäre. Das mag namentlich der Fall bei der Anwesenheit von Personen
sein, die in der Vergangenheit durch erhebliche Gewalttaten gegen Polizeibeamte in
Erscheinung getreten sind oder dann, wenn eine Versammlung (oder Teile von ihr)
bereits einen gewalttätigen Verlauf nimmt."[190] Die seitens NRW gewählte Begrifflichkeit der bloßen „Gefährdung" kritisiert ein Autor als zu unbestimmt, da dieser
nicht den gängigen polizeilichen Gefahrbegriffen entspreche und zudem so vage
sei, dass er einen umfassenden, niedrigschwelligen Einsatz von ULS nach sich
ziehen könne.[191] Zwar ergibt sich aus der zuvor zitierten Gesetzesbegründung zu
§ 16 Abs. 3 VersG NRW tatsächlich nicht eindeutig, auf welchen „klassischen"
Gefahrenbegriff abgestellt wurde. Andererseits sind polizeiliche Befugnisse mit
der maßgeblichen Zielrichtung des Schutzes u. a. von Polizeibeamt*innen häufig „allgemeiner" formuliert, wie z. B. Art. 33 Abs. 4 S. 1 BayPAG oder Art. 21
Abs. 2 BayPAG, wonach die Durchsuchung einer Person in bestimmten Situationen
zulässig sein kann, wenn dies nach den Umständen zum Schutz des Polizeibeamten oder eines Dritten gegen eine Gefahr für Leib oder Leben erforderlich ist. Da
zudem § 16 Abs. 3 VersG NRW ausdrücklich auf eine Gefährdung des Lebens
oder der körperlichen Unversehrtheit abzielt, ist die Befürchtung des Autors, dass
die Norm „*den verdeckten Technik-Einsatz bereits bei jedweder, also auch baga-*
tellhafter Gefährdung polizeilicher Einsatzkräfte zu[lassen könnte]"[192] nicht ohne
Weiteres nachzuvollziehen. Polizeibeamt*innen wäre die Einschätzung abzuverlangen,
ob sie durch augenscheinlich gewaltbereite Versammlungsteilnehmer*innen lediglich „bagatellhaft" oder vielleicht doch „hinreichend erheblich" verletzt werden,

---

[189] LT-Drs. Nordrhein-Westfalen 17/12423, Gesetzentwurf zur Einführung eines nordrhein-
westfälischen Versammlungsgesetzes, S. 74 f.

[190] Roggan, Der Einsatz von Video-Drohnen bei Versammlungen, S. 593.

[191] Vgl. ebd., S. 595.

[192] Roggan, Der Einsatz von Video-Drohnen bei Versammlungen, S. 595.

erscheint weder zumutbar noch praktikabel. Schließlich stellt sich aber ohnehin die Frage, wie häufig eine Situation im Sinne des § 16 Abs. 3 VersG NRW, also eine Gefährdung der ULS-Pilot*innen, welche sich in gewissem Abstand zur Versammlung aufstellen können, überhaupt eintreten wird, zumal auch ein ULS selbst mit gewissem Abstand zu den zu überwachenden Personen bewegt werden muss, um diese bei einem unvorhergesehenem Absturz nicht zu verletzen.[193]

2.7 Zwischenfazit

Bereits die „klassische" polizeiliche Videoüberwachung sah sich immer wieder Kritik ausgesetzt, was mit der Anschaffung von ULS nochmals an Brisanz gewonnen haben dürfte. Unter Berücksichtigung der vorangegangenen Ausführungen kann für die Bayerische Polizei festgehalten werden, dass ULS zumindest präventivpolizeilich im Großen und Ganzen rechts- und handlungssicher eingesetzt werden können, sofern insbesondere der Vorgabe der Offenheit der Maßnahme, dem Schutz des Art. 13 GG sowie dem Schutz Unbeteiligter ausreichend Rechnung getragen wird. Gerade letztgenannte Anforderungen dürften allerdings in Akut-Fällen sowie in dicht besiedelten Gebieten durchaus erhebliche Herausforderungen darstellen und damit die Heranziehung des Einsatzmittels erschweren. Bezüglich der Verwendungsmöglichkeiten von ULS bei Versammlungen durch die Bayerische Polizei wäre eine gesetzliche Klarstellung wünschenswert. Aufgrund der hohen Anforderungen, insbesondere des Art. 13 Abs. 7 GG, verbleibt für einen offenen präventivpolizeilichen ULS-Einsatz, gerade in nicht öffentlich zugänglichen Bereichen, nach derzeitigem Stand wohl ein überschaubarer Anwendungsbereich, sodass Befürchtungen vor flächendeckender, anlassloser Überwachung nicht begründet sind. Im Zusammenhang mit Veranstaltungen besteht demgegenüber, insbesondere bei Übersichtaufnahmen, eine Vielzahl von präventiven Verwendungsmöglichkeiten für ULS, von denen die Bayerische Polizei mit vergleichsweise geringerem Aufwand Gebrauch machen kann.

Generell wird gerade der präventiven polizeilichen Videoüberwachung regelmäßig entgegengehalten, dass allenfalls die Sorge, durch erhobene Lichtbilder oder Videoaufnahmen identifiziert und bestraft werden zu können, potentielle Straftäter*innen als Ergebnis eines Abwägungsprozesses i. S. d. „Rational

---

[193] Vgl. Schmidt, Aktuelle Befugnisnormen polizeilicher Drohnenaufklärung in Nordrhein-Westfalen, S. 139.

Choice"-Ansatzes von der Begehung ihrer Taten abhalte.[194] Selbst diese Argumentation komme zudem aber bei nicht rational steuerbaren Spontantaten oder drogen-/alkoholbedingten Straftaten an seine Grenzen, da in solchen Fällen selbst die „Angst" vor Videoüberwachung kein geeignetes Mittel sei, um Betroffene von ihrem Tun abzuhalten.[195] Ein Autor kritisiert des Weiteren: *„Unabhängig von diesen grundsätzlichen Bedenken hat die Idee, dass durch die Gewissheit wirksamer Strafverfolgung die Bürger von der Begehung von Straftaten abgehalten werden, ihrem Ursprung nach nichts mit Polizeirecht zu tun. Sie stammt vielmehr aus dem Bereich des Strafrechts und dort aus der Thematik der Strafzwecktheorien. [...] Prävention durch wirksame Repression ist damit eine klassische Aufgabe des Strafrechts und ihre Verankerung in den Polizeigesetzen der Länder nichts weiter als ein Etikettenschwindel. Allein die Tatsache, dass eine Maßnahme wie die Videoüberwachung mittelbar auch präventive Zwecke wie die Abschreckung verfolgt, macht sie [...] noch nicht zu materiellem Gefahrenabwehrrecht."*[196] Ferner wird teilweise postuliert, dass bei polizeirechtlichen Videoüberwachungsmaßnahmen gewährleistet sein müsse, dass Einsatzkräfte im Bedarfsfall auch eingriffsfähig/ -bereit seien, dergestalt, dass eine realistische Chance dafür bestehen müsse, dass diese durch die Videoüberwachung wahrgenommene Gefahren und Straftaten, tatsächlich noch beeinflussen bzw. im besten Fall abwehren können.[197] Wenn keine realistischen Möglichkeiten bestehen würden, auftretende Gefahren tatsächlich abzuwehren, so sei die Videoüberwachungsmaßnahme auch nicht im Gefahrenabwehrrecht zu verorten und dürfe nicht auf Polizeirecht gestützt werden.[198] Hierzu gibt es aber auch Gegenauffassungen, wonach polizeilichen Maßnahmen, die primär auf eine Informationsgewinnung abzielen, immanent sei, dass diese per se nicht oder kaum in einen Geschehensablauf eingreifen sollten bzw. könnten.[199] Vielmehr dienen solche der Vorbereitung und Unterstützung anderweitiger polizeilicher Anschlussmaßnahmen, sodass es grundsätzlich möglich sei, diese im Polizeirecht zu verorten.[200] Vorgenannte Kritik scheint jedoch im Hinblick

---

[194] Vgl. Zöller: Möglichkeiten und Grenzen polizeilicher Videoüberwachung, S. 1239.

[195] Vgl. ebd., S. 1239.

[196] Ebd., S. 1239 f.

[197] Vgl. Zöller: Möglichkeiten und Grenzen polizeilicher Videoüberwachung, S. 1240; Vgl. Gusy, Polizei- und Ordnungsrecht, S. 106, Rn. 202.

[198] Vgl. Zöller: Möglichkeiten und Grenzen polizeilicher Videoüberwachung, S. 1240; Vgl. Gusy, Polizei- und Ordnungsrecht, S. 106, Rn. 202.

[199] Vgl. z. B. Kniesel, Kriminalitätsbekämpfung durch Polizeirecht, S. 347 f.

[200] Vgl. ebd., S. 347 f.

auf ULS tatsächlich weniger relevant als bei herkömmlicher, stationärer Videoüberwachung, z. B. auf öffentlichen Plätzen. Da sich ULS aufgrund ihrer noch begrenzten Akkukapazitäten sowie dem derzeit häufig noch bestehendem Erfordernis menschlicher Pilot*innen wohl eher nicht für eine Langzeitüberwachung eines bestimmten Ortes eignen, sondern vielmehr lediglich einen Bestandteil größerer Einsatzlagen darstellen dürften, kann wohl sogar davon ausgegangen werden, dass in solchen Szenarien (z. B. Fußball-Europameisterschaft) häufig interventionsbereite Polizeikräfte vor Ort sind, um im Bedarfsfall einzugreifen.

　　　Neben der eben skizzierten Kritik zur rechtlichen Einordnung polizeilicher Videoüberwachung wird immer wieder auch deren generelle Sinnhaftigkeit und messbare Wirksamkeit in Zweifel gezogen, wenngleich sich – jedenfalls für bestimmte Örtlichkeiten – aus einigen Studien durchaus Anhaltspunkte für mehr oder weniger signifikante kriminalitätssenkende Wirkungen durch Videoüberwachungsmaßnahmen zu ergeben scheinen.[201] Befürworter*innen verweisen zudem häufig auf eine Steigerung des subjektiven Sicherheitsgefühls der Bevölkerung durch Videoüberwachungsmaßnahmen.[202] Kritiker*innen führen hingegen gelegentlich an, dass polizeiliche Maßnahmen zum einen häufig Verdrängungseffekte mit sich brächten, sodass sich z. B. Straftaten oder Störungen schlichtweg in benachbarte Gebiete verlagern würden, zum anderen, dass Bürger*innen so unter Umständen dazu bewegt werden, ihr Verhalten anzupassen oder überwachte Areale, wie etwa Fußballstadien, zu meiden.[203] Gerade, wenn die Möglichkeit einer – wenn auch unbeabsichtigten – staatlichen Beeinflussung des Verhaltens der Grundrechtsträger*innen besteht, die selbst gerade nicht zu der Maßnahme

---

[201] Vgl. Bliesener/Neumann/Glaubitz/Kudlacek, Videobeobachtung zwischen Skepsis und Akzeptanz. Soziodemografische Einflüsse auf die Einstellung zur polizeilichen Videobeobachtung im öffentlichen Raum, S. 31.

[202] Vgl. Müller-Eiselt in: Möstl/Schwabenbauer, BeckOK Polizei- und Sicherheitsrecht Bayern, Art. 33 BayPAG, Rn. 2; Vgl. Bliesener/Neumann/Glaubitz/Kudlacek, Videobeobachtung zwischen Skepsis und Akzeptanz. Soziodemografische Einflüsse auf die Einstellung zur polizeilichen Videobeobachtung im öffentlichen Raum, S. 32.

[203] Vgl. Müller-Eiselt in: Möstl/Schwabenbauer, BeckOK Polizei- und Sicherheitsrecht Bayern, Art. 33 BayPAG, Rn. 8; Vgl. Zöller/Ihwas, Rechtliche Rahmenbedingungen des polizeilichen Flugdrohneneinsatzes, S. 410; Vgl. VG Freiburg, Urteil v. 29.07.2021, 10 K 4722/ 19, BeckRS 2021, 25458, Rn. 47; Vgl. Bliesener/Neumann/Glaubitz/Kudlacek, Videobeobachtung zwischen Skepsis und Akzeptanz. Soziodemografische Einflüsse auf die Einstellung zur polizeilichen Videobeobachtung im öffentlichen Raum, S. 31 f.; Vgl. Klar, Der Rechtsrahmen des Datenschutzrechts für Visualisierungen des öffentlichen Raums – Ein taugliches Konzept zum Schutz der Betroffeneninteressen?, S. 789; Vgl. Gusy, Polizei- und Ordnungsrecht, S. 106, Rn. 202.

Anlass geben oder gegeben haben, muss letztlich der positive Effekt einer Videoüberwachung immer ausreichend signifikant sein, um die Maßnahme i. S. d. Verhältnismäßigkeitsgrundsatzes zu rechtfertigen. *„Die freie Entfaltung der Persönlichkeit setzt unter den modernen Bedingungen der Datenverarbeitung den Schutz des Einzelnen gegen unbegrenzte Erhebung, Speicherung, Verwendung und Weitergabe seiner persönlichen Daten voraus. [...] Das Grundrecht dient [...] auch dem Schutz vor einem Einschüchterungseffekt, der entstehen und zu Beeinträchtigungen bei der Ausübung anderer Grundrechte führen kann, wenn für den Einzelnen nicht mehr erkennbar ist, wer was wann und bei welcher Gelegenheit über ihn weiß. [...] Ein von der Grundrechtsausübung abschreckender Effekt fremden Geheimwissens muss nicht nur im Interesse der betroffenen Einzelnen vermieden werden. Auch das Gemeinwohl wird hierdurch beeinträchtigt, weil Selbstbestimmung eine elementare Funktionsbedingung eines auf Handlungs- und Mitwirkungsfähigkeit seiner Bürger gegründeten freiheitlichen demokratischen Gemeinwesens ist [...].*"[204]

---

[204] BVerfG, Beschluss v. 12.04.2005, 2 BvR 1027/02, BVerfGE 113, 29, S. 46; Vgl. auch BVerfG, Urteil vom 15.12.1983, 1 BvR 209/83 u. a., BVerfGE 65, 1, S. 41 ff.

Moderne Technologien und Zukunftsvisionen

3

Der technologische Fortschritt hat in den letzten Jahren erheblich an Fahrt aufgenommen, was die Gesetzgeber sowie die Polizei vor Probleme stellt: Einerseits eröffnen technische Neuerungen Möglichkeiten für kriminelle Personen, mit denen es seitens der Polizei „Schritt zu halten" gilt und versprechen für die Polizei Arbeitserleichterungen, Effizienzsteigerungen oder die verbesserte Bekämpfung bestimmter Kriminalitätsformen, z. B. bei Kriminalität im oder mittels Internet. Andererseits muss der Gesetzgeber laufend die geltende Rechtslage prüfen und diese unter Umständen – um die Pilotierung oder den Einsatz neuer Technologien überhaupt zu ermöglichen – bereits z. B. durch neue Befugnisnormen anpassen, bevor überhaupt ausreichend praktische Erfahrungen mit neuen Systemen gesammelt werden konnten. Da die Thematik viele diskussionswürdige Aspekte mit sich bringt, die im Rahmen der vorliegenden Arbeit nicht in Gänze dargestellt werden können, beschränken sich die nachfolgenden Ausführungen auf bestimmte technische Innovationen, die im Bereich der Videoüberwachung durch ULS bei der Bayerischen Polizei besonders relevant und eingriffsintensiv erscheinen, nämlich die sogenannte *„intelligente Videoüberwachung"*[1] in Form von automatisierter Echtzeit-Gesichtserkennung sowie personenbezogener Verhaltens(muster)erkennung.[2] *„Videoüberwachung ist „intelligent", wenn sie dank moderner Bilderkennungs- und Bildverarbeitungstechnologien selbst „erkennen" kann, sobald im erfassten Bereich etwas Gefährliches/Verbotenes geschieht. Das können Taschendiebstähle sein, bewusstlose Personen oder Suizidversuche in einer*

---

[1] Rademacher/Perkowski, Staatliche Überwachung, neue Technologien und die Grundrechte, S. 714.

[2] Vgl. Müller/Schwabenbauer in: Lisken/Denninger, Handbuch des Polizeirechts, G., Teil II, Rn. 690.

J. Rippl, *Die Polizei und ihre Unterstützung aus der Luft*, BestMasters, https://doi.org/10.1007/978-3-658-46422-6_3

JVA, die dann automatisiert der zuständigen Stelle gemeldet werden. "[3] Des Weiteren besteht auch die Möglichkeit eine intelligente Videoüberwachung mit Datenbanken zu verknüpfen, wodurch Abgleiche mit Personendaten oder Verhaltensmustern in Echtzeit stattfinden können.[4] In der Literatur wird teilweise bereits vertreten, dass die intelligente Videoüberwachung neben „klassischer" Videoüberwachung einen eigenständigen Grundrechtseingriff beinhalte, der einer gesonderten gesetzlichen Befugnisnorm bedürfe.[5] Für die Verwendung biometrischer Gesichtserkennung wird daher vereinzelt auch Art. 9 BayVersG als unzureichend bewertet.[6] Da die Begrifflichkeiten bereits auf den ersten Blick an sogenannte Künstliche Intelligenz (KI) denken lassen, werden einleitend zunächst verschiedene Definitionsansätze zur KI sowie diesbezügliche aktuelle Entwicklungen auf europäischer Ebene dargestellt, um Schnittmengen und mögliche Auswirkungen zu diskutieren, bevor dann der rechtliche Ist-Stand der intelligenten Videoüberwachung nebst offener Problemstellungen bei der Bayerischen Polizei – auch im Vergleich zu anderen Bundesländern – analysiert wird. Anschließend erfolgt eine polizei- bzw. kriminalwissenschaftliche Betrachtung insbesondere der Potentiale und Risiken der intelligenten Videoüberwachung.

3.1   Aktuelle Entwicklungen – Künstliche Intelligenz

Bereits am 03.04.2019 verabschiedete die Konferenz der unabhängigen Datenschutzaufsichtsbehörden des Bundes und der Länder die sogenannte „Hambacher Erklärung zur Künstlichen Intelligenz":[7] *„Nicht alles, was technisch möglich und ökonomisch erwünscht ist, darf in der Realität umgesetzt werden. Das gilt in besonderem Maße für den Einsatz von selbstlernenden Systemen, die massenhaft Daten verarbeiten und durch automatisierte Einzelentscheidungen in Rechte und Freiheiten Betroffener eingreifen. […] Nur wenn der Grundrechtsschutz und der Datenschutz mit dem Prozess der Digitalisierung Schritt halten, ist eine*

---

[3] Rademacher/Perkowski, Staatliche Überwachung, neue Technologien und die Grundrechte, S. 714.

[4] Vgl. Müller/Schwabenbauer in: Lisken/Denninger, Handbuch des Polizeirechts, G., Teil II, Rn. 690.

[5] Vgl. Schneider/Schindler, „Intelligente Videoüberwachung" in Baden-Württemberg; Vgl. Ogorek in: Möstl/Kugelmann, BeckOK Polizei- und Ordnungsrecht Nordrhein-Westfalen, § 15a PolG NRW, Rn. 24.1.

[6] Vgl. Heldt, Gesichtserkennung: Schlüssel oder Spitzel?, S. 288.

[7] Vgl. DSK, Hambacher Erklärung zur Künstlichen Intelligenz.

Zukunft möglich, in der am Ende Menschen und nicht Maschinen über Menschen entscheiden."[8]

Das Bundesamt für Sicherheit in der Informationstechnik (BSI) definiert KI inzwischen als *„die Technologie und die wissenschaftliche Disziplin, die mehrere Ansätze und Techniken wie zum Beispiel maschinelles Lernen, maschinelles Schließen und die Robotik umfassen"*[9]. Einen weiteren Definitionsversuch kann man der Website des Europäischen Parlaments entnehmen, wonach unter KI *„die Fähigkeit einer Maschine, menschliche Fähigkeiten wie logisches Denken, Lernen, Planen und Kreativität zu imitieren"*[10] zu verstehen ist. *„KI ermöglicht es technischen Systemen, ihre Umwelt wahrzunehmen, mit dem Wahrgenommenen umzugehen und Probleme zu lösen, um ein bestimmtes Ziel zu erreichen. Der Computer empfängt Daten (die [...] zum Beispiel [...] [mittels] Kamera, vorbereitet oder gesammelt wurden), verarbeitet sie und reagiert. KI-Systeme sind in der Lage, ihr Handeln anzupassen, indem sie die Folgen früherer Aktionen analysieren und autonom arbeiten."*[11] Mit Pressemeldung vom 09.12.2023 teilte die Europäische Kommission kürzlich mit, dass es gelungen sei, eine wichtige Einigung bezüglich der sogenannten KI-Verordnung (Artificial Intelligence Act) zu erzielen.[12] Überdies wurde bereits ein Entwurf dieser „Verordnung des Europäischen Parlaments und des Rates zur Festlegung harmonisierter Vorschriften für Künstliche Intelligenz (Gesetz über Künstliche Intelligenz) und zur Änderung bestimmter Rechtsakte der Union" vom 21.04.2021 veröffentlicht und erlaubt so einen Eindruck von der künftig geplanten Einordnung automatisierter KI-Systeme in verschiedene Risikoklassen.[13] Dieser Entwurf beschreibt ein KI-System in Art. 3 Nr. 1 – zusammengefasst – als eine Software, die anhand bestimmter Techniken und Konzepte entwickelt wird, die Fähigkeit besitzt, zielgerichtete Ergebnisse zu generieren und die Einfluss auf das Umfeld ausübt, mit dem es interagiert. Als hierfür maßgebliche Techniken und Konzepte benennt Anhang I des Entwurfs nicht nur maschinelles Lernen, sondern u. a. auch „Logik- und wissensgestützte Konzepte, einschließlich Wissensrepräsentation, induktive (logische) Programmierung, Wissensgrundlagen, Inferenz- und Deduktionsmaschinen,

---

[8] Ebd., S. 1.

[9] BSI, Künstliche Intelligenz, Definitionen: Künstliche Intelligenz und KI-Systeme.

[10] Europäisches Parlament, Was ist künstliche Intelligenz und wie wird sie genutzt?.

[11] Ebd.

[12] Vgl. Europäische Kommission, Kommission begrüßt politische Einigung über das Gesetz über künstliche Intelligenz.

[13] Vgl. Busche, Einführung in die Rechtsfragen der künstlichen Intelligenz, S. 446; Ein Entwurf der KI-Verordnung ist auf folgender Website abrufbar: Vgl. https://eur-lex.europa.eu/legal-content/DE/TXT/?uri=CELEX%3A52021PC0206, zuletzt abgerufen am 04.02.2024.

Schlussfolgerungs- und Expertensysteme, statistische Ansätze sowie Bayessche Schätz-, Such- und Optimierungsmethoden".

Besonders relevant für die polizeiliche Arbeit ist, dass gegebenenfalls bereits im Einsatz befindliche, geplante oder künftige Technologien im Sinne der KI-Verordnung insbesondere dahingehend zu prüfen sein werden, ob es sich dabei um sogenannte Hochrisiko-Systeme handelt, die umfassenden und aufwändigen Pflichten (z. B. Dokumentation, Risikomanagementsystem usw.) unterfallen werden.[14] „Für als hochriskant eingestufte KI-Systeme gelten strenge Anforderungen z. B. im Hinblick auf Risikominderungssysteme, hochwertige Datensätze, die Protokollierung der Vorgänge, die genaue Dokumentation, klare Informationen für die Nutzer, die menschliche Aufsicht sowie ein hohes Maß an Robustheit, Genauigkeit und Cybersicherheit."[15] Auch ist die Registrierung von Hochrisiko-Systemen in Datenbanken vorgesehen, wenngleich für Strafverfolgungsbehörden wohl ein nicht öffentlich einsehbarer Bereich in diesen Datenbanken implementiert wird.[16] Nach Inkrafttreten der KI-Verordnung sind zwar Übergangsfristen vorgesehen, allerdings werden bestimmte Verbote voraussichtlich bereits nach sechs Monaten Beachtung finden müssen.[17] Aufgrund dessen, dass bisher keine abschließende Definition von KI vorliegt, sind konkrete Bewertungen zur pauschalen Zulässigkeit von „KI" bei der Bayerischen Polizei an dieser Stelle nicht möglich, insbesondere solange die finale Fassung der KI-Verordnung noch nicht fertiggestellt und veröffentlicht ist.[18] „Tatsächlich handelt es sich bei „Künstlicher Intelligenz" um eine Bezeichnung, die nicht genau und schon gar nicht wissenschaftlich eindeutig definiert ist, was den Begriff eigentlich unbrauchbar macht."[19] Die in den oben beispielhaft angeführten Definitionen am häufigsten genannten Komponenten von KI sind vor allem die Fähigkeiten, eine große Menge an Daten handhaben bzw. analysieren zu können und daran anknüpfend

---

[14] Vgl. Europäische Kommission, Kommission begrüßt politische Einigung über das Gesetz über künstliche Intelligenz; Vgl. Busche, Einführung in die Rechtsfragen der künstlichen Intelligenz, S. 446.

[15] Europäische Kommission, Kommission begrüßt politische Einigung über das Gesetz über künstliche Intelligenz.

[16] Vgl. Europäische Kommission, Artificial Intelligence – Questions and Answers*.

[17] Vgl. Europäische Kommission, Kommission begrüßt politische Einigung über das Gesetz über künstliche Intelligenz.

[18] Beispielhaft zur Unklarheit der Begrifflichkeit: Vgl. BayLfD, 32. Tätigkeitsbericht 2022, Ziff. 1.1.1.4.; Vgl. LT-Drs. Bayern 18/28381, Nutzung von KI durch die Bayerische Polizei, S. 1; Vgl. Busche, Einführung in die Rechtsfragen der künstlichen Intelligenz, S. 441 f.

[19] Dobler, Mensch und Maschine, S. 27.

Prozesse – eventuell durch automatisiertes Lernen – erforderlichenfalls anpassen sowie automatisiert zielorientierte Entscheidungen treffen zu können. Einer auf den 27.03.2023 datierten Äußerung des Bayerischen Staatsministeriums des Innern, für Sport und Integration kann man Folgendes entnehmen: *„Ausgehend von der für die Bayerische Polizei maßgeblichen Auslegung des Begriffs der Künstlichen Intelligenz als „starke KI", die sich insbesondere durch autonomes Lernen und selbstständige Entscheidungsfindung ohne menschliches Eingreifen definiert, nutzt die Bayerische Polizei [...] keine KI-Komponenten zur Unterstützung polizeilicher Tätigkeiten."*[20] Je nachdem, welche Merkmale die Künstliche Intelligenz letztlich definieren werden, besteht die Möglichkeit, dass sich bereits jetzt in Verwendung befindliche Technologien, die insbesondere die personenbezogene Verhaltens(muster)- oder Gesichtserkennung zum Gegenstand haben, dieser zuzurechnen sind bzw. sich dann an deren Maßstäben messen lassen müssen.[21] Ebenso ist es notwendig, sich an den bisherigen, allgemeinen Maßstäben des Bundesverfassungsgerichts (BVerfG) zu orientieren. Das BVerfG äußerte sich beispielsweise 2005 dahingehend, dass dem Gesetzgeber nicht abzuverlangen sei, jedwede neue Technologie pauschal zu untersagen.[22] Allerdings sei es erforderlich, dass der Gesetzgeber den jeweiligen Stand der Technik im Blick behalte und bei Bedarf gesetzliche Anpassungen oder Einschränkungen vornehme, sofern es für die Gewährleistung hinreichenden Grundrechtsschutzes erforderlich sei.[23] Jedenfalls im Urteil zur automatisierten Datenanalyse durch Polizeibehörden in Hessen und Hamburg stellte das BVerfG klar, dass mit dem Einsatz *„lernfähiger Systeme, also Künstlicher Intelligenz (KI)"*[24] ein Eingriff von besonderer Intensität einhergehen könne: *„Deren Mehrwert, zugleich aber auch ihre spezifischen Gefahren liegen darin, dass nicht nur von den einzelnen Polizistinnen und Polizisten aufgegriffene kriminologisch fundierte Muster Anwendung finden, sondern solche Muster automatisiert weiterentwickelt oder überhaupt erst generiert [...] werden.*[25] Jedoch könnten sich *„komplexe algorithmische Systeme [...] im Verlauf des maschinellen Lernprozesses immer mehr von der ursprünglichen menschlichen Programmierung lösen, und die maschinellen Lernprozesse und die Ergebnisse der Anwendung könnten immer schwerer nachzuvollziehen sein [...]. Daher dürften selbstlernende*

---

[20] LT-Drs. Bayern 18/28381, Nutzung von KI durch die Bayerische Polizei, S. 1.

[21] Vgl. Dobler, Mensch und Maschine, S. 28.

[22] Vgl. BVerfG, Urteil v. 12.04.2005, 2 BvR 581/01, BeckRS 2005, 25520, Rn. 51.

[23] Vgl. ebd., Rn. 51.

[24] BVerfG, Urteil v. 16.02.2023, 1 BvR 1547/19, 1 BvR 2634/20, BeckRS 2023, 1828, Rn. 100.

[25] Ebd., Rn. 100.

Systeme in der Polizeiarbeit nur unter besonderen verfahrensrechtlichen Vorkeh-rungen zur Anwendung kommen, die trotz der eingeschränkten Nachvollziehbarkeit ein hinreichendes Schutzniveau sichern."[26] Zusammengefasst scheint das BVerfG bislang „KI" primär als Technologie mit der Fähigkeit zum maschinellen Ler-nen zu interpretieren. Die weiteren Ausführungen lassen sich so verstehen, dass die Richter*innen des BVerfG dem Einsatz derartiger Systeme jedenfalls *„im Vorfeld einer konkretisierten Gefahr"*[27] ohne hinreichende, gesetzlich geregelte Einschränkungen mit Skepsis gegenüberstehen.[28]

3.2   Personenbezogene Gesichts- und Verhaltens(muster)erkennung

Die biometrische Gesichtserkennung besteht darin, dass das von einer Kamera erfasste bzw. angefertigte Lichtbild einer Person mit anderweitig vorhandenen Lichtbildern abgeglichen wird.[29] Gerade Künstliche Intelligenz ist hierfür von großer Bedeutung. *„Aufgrund ihrer sehr guten Performanz stellen KI-Modelle zunehmend Kernfunktionalitäten bei der biometrischen Erkennung bereit. Konkret werden sie beim Abgleich neu erfasster biometrischer Daten mit zuvor gespeicher-ten Referenzdaten eingesetzt. Die KI trifft Entscheidungen, ob Referenzdaten und neu erfasste Daten zur selben Person gehören. Hierfür kommen insbesondere Ver-fahren wie neuronale Netze auf Basis von Algorithmen des maschinellen Lernens (ML) zum Einsatz."*[30] Daneben gibt es aber auch technische Verfahren, die auf geometrischen Berechnungen anhand bestimmter körperlicher Gesichtsmerkmale basieren.[31] Wie eingangs erwähnt, prüft die Bayerische Polizei in Bezug auf Videoüberwachung offenbar bereits seit einiger Zeit weitere technologische Ent-wicklungen, z. B. zur Gesichtserkennung. Daneben gibt es aber auch noch andere

---

[26] Ebd., Rn. 100.

[27] Ebd., Rn. 120.

[28] Vgl. ebd., Rn. 120 f.

[29] Vgl. Heldt, Gesichtserkennung: Schlüssel oder Spitzel?, S. 286; Vgl. Bundespolizeipräsi-dium Potsdam, Abschlussbericht, Teilprojekt 1 „Biometrische Gesichtserkennung" im Rah-men der Erprobung von Systemen zur intelligenten Videoanalyse, S. 12; Vgl. auch Art. 3 Nr. 33 des Vorschlags für die sogenannte KI-Verordnung vom 21.04.2021, worin „Gesichtsbil-der" als „biometrische Daten" bezeichnet werden.

[30] BSI, Biometrie als KI-Anwendungsfeld, Einleitung.

[31] Vgl. Bundespolizeipräsidium Potsdam, Abschlussbericht, Teilprojekt 1 „Biometrische Gesichtserkennung" im Rahmen der Erprobung von Systemen zur intelligenten Videoana-lyse, S. 14, 17.

Akteure und Projekte, die sich mit der Thematik befassen: Die „*EU [...] fördert*
[...] z. B. mit INDECT ein Projekt, das zur urbanen Überwachung eine umfassende
Zusammenführung von Daten vornimmt, die aus Videoüberwachungen [...] gewon-
nen werden. Das automatisierte System soll dabei permanent in der Lage sein,
mittels Gesichtsbiometrie und Aufnahmen vernetzter Drohnen eine Identifizierung
von Personen anhand eines Foto- und Videoabgleichs im Internet vorzunehmen."[32]
Dieses vor einigen Jahren begonnene Projekt „INDECT" (Intelligentes Informati-
onssystem zur Überwachung, Suche und Detektion für die Sicherheit der Bürger
in urbaner Umgebung) bewegte bereits im Jahr 2012 die Datenschutzbeauftragten
des Bundes und der Länder zu der ausdrücklichen Aufforderung, die Anforderungen des Datenschutzes bereits im Entscheidungsprozess für die Förderung von
Forschungsprojekten zu beachten.[33] In einem weiteren Pilotprojekt am Bahnhof
Berlin-Südkreuz testeten das Bundesministerium des Innern, für Bau und Heimat,
die Bundespolizei und die Deutsche Bahn AG ab 2017 – u. a. zur automatisierten
Detektion „*hilfloser Personen oder stehengelassener Gegenstände*"[34] – intelligente
Videoüberwachung inklusive Gesichtserkennung und Abgleich mit einer Testda-
tenbank mit Hilfe von freiwilligen Teilnehmer*innen.[35] Bei einem Treffer sollten
die Systeme Polizeibeschäftigte alarmieren, um diese in die Lage zu versetzen,
die Situation bewerten und erforderliche Maßnahmen treffen zu können.[36] Hinsichtlich der Zuverlässigkeit berichtete das Bundesministerium des Innern und
für Heimat mittels Pressemitteilung vom 11.10.2018, dass die getesteten Systeme
gezeigt hätten, dass eine betroffene Person mit einer Quote von über 80 % rich-
tig bzw. dass bezüglich falscher Treffer die Rate sehr niedrig (unter 0,1 %) bzw.
solche durch weitere Schutzmaßnahmen fast vollständig (0,00018 %) vermeidbar seien.[37] Insbesondere könne bei einer falsch-positiven Treffermeldung des
Systems durch weitere Überprüfungsmaßnahmen seitens der Polizeibeschäftigten verifiziert werden, ob es sich tatsächlich um die relevante Person handelt

---

[32] Klar, Der Rechtsrahmen des Datenschutzrechts für Visualisierungen des öffentlichen
Raums – Ein taugliches Konzept zum Schutz der Betroffeneninteressen?, S. 788 f.

[33] Vgl. DSK, Öffentlich geförderte Forschungsprojekte zur Entdeckung abweichenden Verhaltens im öffentlichen Raum – nicht ohne Datenschutz, S. 1 f.

[34] Bundesministerium des Innern und für Heimat, Pressemitteilung, Projekt zur Gesichtserkennung erfolgreich.

[35] Vgl. Bundesministerium des Innern und für Heimat, Pressemitteilung, Projekt zur
Gesichtserkennung erfolgreich; Vgl. Schindler, Noch einmal: Pilotprojekt zur intelligenten
Videoüberwachung am Bahnhof Berlin Südkreuz.

[36] Vgl. Bundesministerium des Innern und für Heimat, Pressemitteilung, Projekt zur
Gesichtserkennung erfolgreich.

[37] Vgl. ebd.

und so in der Regel vermieden werden, dass unschuldige Personen polizeilichen Anschlussmaßnahmen unterzogen würden.[38] Bei diesem Projekt waren u. a. die Frage der Umgebungsverhältnisse, der Montageposition bzw. des Anbringungswinkels der Kameras von großer Bedeutung, um optimale Testbedingungen und -ergebnisse zu erzielen.[39] Demgegenüber dürften ULS den klaren Vorteil haben, dass diese – entweder gesteuert durch die Pilot*innen oder durch einen Algorithmus – jederzeit Position und Flughöhe unproblematisch an die jeweiligen Lichtverhältnisse oder die Schrittgeschwindigkeit einer betroffenen Person anpassen können. Im Abschlussbericht zum vorgenannten Pilotprojekt wurde die Forcierung intelligenter Videoüberwachung befürwortet, da diese – gerade bei dauerhafter Livebildbeobachtung – eine große Unterstützung für betroffene Polizeikräfte darstellen bzw. menschliche Schwächen teilweise kompensieren könne:[40]

„Die Überwachung des öffentlichen Raumes im 24/7-Betrieb erfordert [...] die Beobachtung des Monitors durch einen Polizeivollzugsbeamten. Nach 20 Minuten Monitorbeobachtung sinkt bereits die menschliche Aufmerksamkeit für Videodetails [...]. Weiter kann das menschliche Auge lediglich eine begrenzte Anzahl von gleichzeitig auf einem einzelnen Monitor dargestellten Videobildern überwachen. Die konventionelle Videoüberwachung mit ihren physikalischen Grenzen, die mit der Überwachung von Videodaten durch Menschen einhergehen (eingeschränkte Aufmerksamkeitsspanne, Unterbrechungen und Ablenkungen, Müdigkeit) ist [...] nicht vollumfänglich in der Lage, den gewachsenen Ansprüchen, die sich aufgrund der stetig zunehmenden Masse an Videodaten ergeben, gerecht zu werden. Intelligente Videoanalysesoftware kann diese Einschränkungen eliminieren. "[41]

In der Literatur wird die Auffassung vertreten, dass derartige Grundrechtseingriffe wie beim Projekt am Bahnhof Berlin-Südkreuz eine spezielle Rechtsgrundlage

---

[38] Vgl. Bundespolizeipräsidium Potsdam, Abschlussbericht, Teilprojekt 1 „Biometrische Gesichtserkennung" im Rahmen der Erprobung von Systemen zur intelligenten Videoanalyse, S. 37 f.

[39] Vgl., ebd., S. 32 f.

[40] Vgl. Bundespolizeipräsidium Potsdam, Abschlussbericht, Teilprojekt 1 „Biometrische Gesichtserkennung" im Rahmen der Erprobung von Systemen zur intelligenten Videoanalyse, S. 36 f.; Vgl. zu den Möglichkeiten der Entscheidungsunterstützung durch KI auch: Busche, Einführung in die Rechtsfragen der künstlichen Intelligenz, S. 444.

[41] Bundespolizeipräsidium Potsdam, Abschlussbericht, Teilprojekt 1 „Biometrische Gesichtserkennung" im Rahmen der Erprobung von Systemen zur intelligenten Videoanalyse, S. 36 f.

erfordern würden.[42] Die damals herangezogene Befugnisnorm § 27 S. 1 Nr.
2 des Bundespolizeigesetzes (BPolG) sei *„weder für eine intelligente Analyse
des Gesichts von Passanten, noch für einen automatisierten Datenabgleich"*[43]
ausreichend.[44] Gemäß § 27 S. 1 Nr. 2 BPolG kann die Bundespolizei „selbsttätige Bildaufnahme- und Bildaufzeichnungsgeräte" einsetzen, um Gefahren für
bestimmte Objekte oder für dort befindliche Personen oder Sachen zu erkennen. Kritisiert wurde zudem die generelle Möglichkeit, mit flächendeckenden
Gesichtserkennungssystemen Bewegungsprofile und Verhaltensmuster erstellen
zu können, ohne dies für Betroffene erkennbar zu machen.[45] Ein Autor fordert
u. a.: *„Es sind Eingriffsschwellen zu normieren, die den Einsatz der Gesichtser-
nung in Verbindung mit Videoüberwachung nur zur Verhinderung oder Verfolgung
schwerer Straftaten zulassen, um mit Blick auf die Schwere des Grundrechtseingriffs
die Verhältnismäßigkeit zu wahren. Dementsprechend sind die für die Gesichtserkennung heranzuziehenden Lichtbilddatenbanken auf Personen zu beschränken, die
mit solchen Straftaten in Verbindung stehen. Der Einsatz sollte Orten vorbehal-
ten bleiben, bei denen mit einem Antreffen der gesuchten Personen zu rechnen ist
(z. B. Bahnhöfe oder anderweitige Kriminalitätsschwerpunkte)."*[46] Die deutsche
Datenschutzkonferenz rügt hinsichtlich Gesichtserkennungstechnologien generell
die Möglichkeit der automatisierten Identifizierung, die daraus folgende Mit-
verfolgbarkeit der Aufenthaltsorte und Kontakte einer Person sowie die Gefahr,
fälschlich identifiziert zu werden.[47] Ohne spezifische Rechtsgrundlage dürfe eine
derartige Technologie nicht einmal probeweise im öffentlichen Raum getestet
werden.[48]

Auch der Europäische Gerichtshof für Menschenrechte (EGMR) beschäftigte sich zuletzt mit Gesichtserkennungstechnologie. Mit Urteil vom 04.07.2023,
11519/20, Glukhin v. Russia, entschied der EGMR, dass ein missbräuchlicher
Einsatz von Gesichtserkennungstechnologie die Rechte des Betroffenen u. a. nach
Art. 8 der Europäischen Menschenrechtskonvention (EMRK) verletzt habe.[49]

---

[42] Vgl. Schindler, Noch einmal: Pilotprojekt zur intelligenten Videoüberwachung am Bahnhof Berlin Südkreuz; Vgl. Heldt, Gesichtserkennung: Schlüssel oder Spitzel?, S. 287.

[43] Heldt, Gesichtserkennung: Schlüssel oder Spitzel?, S. 287.

[44] Vgl. ebd., S. 287.

[45] Vgl. Schindler, Noch einmal: Pilotprojekt zur intelligenten Videoüberwachung am Bahnhof Berlin Südkreuz.

[46] Ebd.

[47] Vgl. DSK, Einsatz von Videokameras zur biometrischen Gesichtserkennung birgt erhebliche Risiken, S. 1 f.

[48] Vgl. ebd., S. 2.

[49] Vgl. EGMR, Urteil vom 04.07.2023, 11519/20, Glukhin v. Russia, Rn. 69, 73, 91.

Dem Urteil lagen Erkenntnisse zugrunde, dass der öffentliche Raum der Stadt Moskau bis September 2020 mit ca. 175.000 Kameras mit Gesichtserkennungstechnologie ausgestattet worden sei.[50] Im zugrundeliegenden Fall ging der EGMR davon aus, dass russische Ermittlungsbehörden – nach Sichtung von Lichtbildern und Videoaufnahmen im Internet und Feststellung einer Person, die alleine Demonstrationen durchführte – den Betroffenen mittels Gesichtserkennungstechnologie in U-Bahnen identifizierten, ihn auffanden und festnahmen.[51] Hinsichtlich der Verwendung von Gesichtserkennung, insbesondere in Echtzeit, sei es nach Auffassung des EGMR bedeutsam, detaillierte Regelungen hinsichtlich Umfang und Anwendung derartiger Techniken zu treffen sowie hinreichende Schutzmaßnahmen zu implementieren.[52] *„The protection afforded by Article 8 of the Convention would be unacceptably weakened if the use of modern scientific techniques in the criminal-justice system were allowed at any cost and without carefully balancing the potential benefits of the extensive use of such techniques against important private-life interests"*[53]. Insofern kritisierte das Gericht, dass die russische Rechtslage weder ersichtliche Beschränkungen des Einsatzes vorgenannter Technologien oder prozessuale Schutzmaßnahmen enthalte noch deren Anordnungs- und Durchführungsvoraussetzungen festlege.[54] Neben der Kritik am Einsatz der Technologie im gegenständlichen Fall, nutzte das Gericht die Gelegenheit, um grundlegende Anforderungen zu definieren: Der Einsatz von Gesichtserkennungstechnologie in Echtzeit erfordere das höchste Maß an Rechtfertigung und führe zu einem zusätzlichen Schutzbedürfnis, wenn besondere Kategorien personenbezogener Daten i. S. des Art. 9 Abs. 1 DSGVO betroffen seien.[55] Besonders problematisch sei der Einsatz derartiger Technologien im Zusammenhang mit geringfügigen Verfehlungen von Teilnehmer*innen an friedlichen Protestaktionen bzw. Demonstrationen: *„It considers that the use of highly intrusive facial recognition technology to identify and arrest participants of peaceful protest actions could have a chilling effect in regard of the rights to freedom of expression and assembly."*[56]

---

[50] Vgl. ebd., Rn. 5.

[51] Vgl. ebd., Rn. 68, 86.

[52] Vgl. ebd., Rn. 75, 82.

[53] Ebd., Rn. 75.

[54] Vgl. ebd., Rn. 83.

[55] Vgl. EGMR, Urteil vom 04.07.2023, 11519/20, Glukhin v. Russia, Rn. 86.

[56] Ebd., Rn. 88.

Neben dem Spezialfall der automatisierten Echtzeit-Gesichtserkennung im öffentlichen Raum rufen aber auch die sonstigen Möglichkeiten personenbezogener Verhaltens(muster)erkennung, Kritik hervor, wie z. B. seitens der Konferenz der Datenschutzbeauftragten des Bundes und der Länder: *„Bei der Mustererkennung soll auf Basis von Video- oder anderen Aufzeichnungen, die mit Daten aus anderen Informationsquellen kombiniert werden, das Verhalten aller erfassten Personen computerunterstützt ausgewertet werden. Menschen, deren Verhalten als ungewöhnlich eingestuft wird, können so in Verdacht geraten, zukünftig eine Straftat zu begehen. Gerade bei der Mustererkennung von menschlichem Verhalten besteht daher die große Gefahr, dass die präventive Analyse einen Anpassungsdruck erzeugt, der die Persönlichkeitsrechte der betroffenen Bürgerinnen und Bürger verletzen würde.“*[57] In Bayern lassen Art. 47 Abs. 1 Nr. 2, Art. 36 Abs. 1 Nr. 2 lit. d), lit. e), Art. 33 Abs. 5 BayPAG den Einsatz von ULS mit der Fähigkeit zur automatischen Erkennung und Auswertung von Mustern lediglich im Bereich der verdeckten Videoüberwachung außerhalb von Wohnungen und grundsätzlich nur bezogen auf Gegenstände zu.[58] Die Verweisung des Art. 47 Abs. 1 Nr. 1 BayPAG auf Art. 33 Abs. 1 bis 3 BayPAG schließt im Bereich der offenen Videoüberwachungsmaßnahmen mittels ULS sogar die gegenstandsbezogene Mustererkennung und -auswertung gemäß Art. 33 Abs. 5 BayPAG ausdrücklich aus.

Art. 33 Abs. 5 BayPAG
(5) Bei Maßnahmen nach den Abs. 1 bis 3 dürfen Systeme zur automatischen Erkennung und Auswertung von Mustern bezogen auf Gegenstände einschließlich der automatischen Systemsteuerung zu diesem Zweck verwendet werden, soweit dies die jeweilige Gefahrenlage auf Grund entsprechender Erkenntnisse erfordert.

Ursprünglich hatte der Bayerische Gesetzgeber durchaus andere Pläne und beabsichtigte – entsprechend nachfolgendem, früherem Gesetzesentwurf vom 30.01.2018 – zunächst auch die Ermöglichung der Gesichts- und personenbezogenen Verhaltens(muster)erkennung:[59]

„(5)[1] Bei Maßnahmen nach den Abs. 1 bis 3 dürfen Systeme zur automatischen Erkennung und Auswertung von Mustern, bezogen auf Gegenstände und das Verhalten von

---

[57] DSK, Öffentlich geförderte Forschungsprojekte zur Entdeckung abweichenden Verhaltens im öffentlichen Raum – nicht ohne Datenschutz, S. 1.

[58] Vgl. LT-Drs. Bayern 17/20425, PAG-Neuordnungsgesetz, S. 54 f.

[59] Vgl. LT-Drs. Bayern 17/20425, PAG-Neuordnungsgesetz, S. 2, 4, 52; Vgl. Müller-Eiselt in: Möstl/Schwabenbauer, BeckOK Polizei- und Sicherheitsrecht Bayern, Art. 33 BayPAG, Rn. 10.

Personen, einschließlich der automatischen Systemsteuerung zu diesen Zwecken verwendet werden, soweit dies die jeweilige Gefahrenlage auf Grund entsprechender Erkenntnisse erfordert. ²Eine gezielte Beobachtung und Fertigung von Aufzeichnungen einer Person auf Grund eines automatisierten Datenabgleichs durch das System [...] ist nur zur Abwehr einer Gefahr oder einer drohenden Gefahr für ein bedeutendes Rechtsgut zulässig [...]."[60]

Entsprechend der damaligen Gesetzesbegründung würden insbesondere Gefahren, die aus terroristischen und extremistischen Bestrebungen resultieren, die Möglichkeit des Einsatzes „intelligenter Kamerasysteme" erfordern, wobei die Technologieoffenheit durch den Gesetzgeber ausdrücklich betont wurde.[61] Die neue Rechtsgrundlage sollte dabei *„den Einsatz optischer Systeme* [ermöglichen], *die automatisch bestimmte Muster bzw. Schemata von Objekten (etwa alleinstehender Koffer) oder das Verhalten von Personen (insb. liegende Position, soweit dies in bestimmten Bereichen wie etwa Verkehrsanlagen von Signifikanz wäre), erkennen. So hier überhaupt personenbezogene Daten betroffen sind, ist jedenfalls zunächst von einem eher geringfügigen Eingriff auszugehen. [...] Satz 2 gilt insbesondere in den Fällen, in denen mittels Gesichtsfelderkennung anhand biometrischer Merkmale, welche auch in Kombination mit dem sog. Tracking, also der automatisierten Nachverfolgung einer bestimmten Person durch Kameras, erfolgen kann. Die in Satz 2 normierte Befugnis ermöglicht [...] eine gezielte Steuerung, Beobachtung und Aufzeichnung einer Person mittels eines Echtzeitlichtbildabgleichs. Auf Grund dieser gesteigerten Eingriffstiefe bedarf es insoweit auch gesteigerter Anwendungsvoraussetzungen (Gefahr oder drohende Gefahr jeweils für ein [...] bedeutendes Rechtsgut)."*[62] In Anerkennung der Intensität des Rechtseingriffs griff dieser frühere Entwurf der Gesetzesbegründung bereits umfassende Schutzmechanismen für Betroffenenrechte auf, wie z. B. das Erfordernis einer Datenschutz-Folgenabschätzung gemäß Art. 64 Abs. 2 BayPAG sowie Benachrichtigungspflichten.[63] Beim Vergleich zwischen dem ursprünglich geplanten, recht offen formulierten Wortlaut des Entwurfs des Art. 33 Abs. 5 BayPAG und der dazugehörigen Begründung des Gesetzgebers ist jedoch zu konstatieren, dass alleine aus dem Gesetzestext nicht ohne Weiteres zu entnehmen war, dass neben personenbezogener Verhaltens(muster)erkennung auch eine Befugnis zur biometrischen Gesichtserkennung mit enthalten sein sollte. Letztlich beschränkte der bayerische Gesetzgeber die polizeilichen Befugnisse nach Art. 33 Abs. 5 BayPAG

---

[60] LT-Drs. Bayern 17/20425, PAG-Neuordnungsgesetz, S. 12 f.

[61] Vgl. ebd., S. 52.

[62] Ebd., S. 52.

[63] Vgl. LT-Drs. Bayern 17/20425, PAG-Neuordnungsgesetz, S. 52.

aber ohnehin auf die Mustererkennung hinsichtlich Gegenständen.[64] *„Enthielt der ursprüngliche Gesetzesentwurf zusätzlich weitere Anwendungsmöglichkeiten – wie die biometrische Gesichtserkennung bis hin zum automatisierten Abgleich mit einer polizeilichen Fahndungsdatei – wurden diese ausweislich der Begründung des diesbezüglichen Änderungsantrags* [vom 25.04.2018] *aufgrund der aktuell noch zu hohen Fehlerquote in der praktischen Anwendung* [...] *aus der endgültigen Fassung gestrichen."*[65] Im Oktober 2018 teilte der Bayerische Landtag im Zuge einer Abgeordnetenanfrage dann mit, dass die Bayerische Polizei bis zu diesem Zeitpunkt, mangels entsprechender technischer Ausstattung, in der Praxis nicht einmal die geschaffene Rechtsgrundlage hinsichtlich der gegenstandsbezogenen Mustererkennung nutzen könne, wenngleich man sich zu der Thematik und möglichen Systemen laufend informiere.[66] Seitdem finden sich zumindest in den frei zugänglichen bayerischen Landtagsdrucksachen keine weiteren relevanten Informationen mehr zum aktuellen Stand der Ausrüstung.

Allerdings fanden noch anderweitige Befugnisse Eingang in das BayPAG: Ähnlich wie § 27 S. 1 Nr. 2 BPolG, welcher „selbsttätige Bildaufnahme- und Bildaufzeichnungsgeräte" gestattet, ermöglicht Art. 47 Abs. 1 Nr. 3, Art. 41 Abs. 1 S. 3 BayPAG verdeckte Bildaufnahmen oder -aufzeichnungen in oder aus Wohnungen mittels ULS, auch unter Verwendung von „Systemen zur automatischen Steuerung". Hierunter sind *„Tracking-Systeme*[...] *zur automatischen Steuerung und Ausrichtung der Aufnahmegeräte"*[67] zu verstehen. Wie genau ein derartiges Tracking-System bei Videoüberwachungsmaßnahmen funktioniert oder funktionieren soll, ob damit eine automatisierte Personen- oder Gesichtserkennung einhergeht bzw., ob ein solches System als „intelligente Videoüberwachung" zu bewerten wäre, lässt sich der Gesetzesbegründung nicht entnehmen. Es fällt auf, dass die ursprünglich geplante Fassung des Art. 33 Abs. 5 BayPAG auf *„Systeme zur automatischen Erkennung und Auswertung von Mustern, bezogen auf Gegenstände und das Verhalten von Personen, einschließlich der automatischen Systemsteuerung zu diesen Zwecken"*[68] Bezug nahm und damit diesbezüglich fast denselben Wortlaut enthielt wie die jetzige Fassung des Art. 47 Abs. 1 Nr. 3, Art. 41 Abs. 1 S. 3 BayPAG. In der Gesetzesbegründung zum ursprünglichen

---

[64] Vgl. Müller-Eiselt in: Möstl/Schwabenbauer, BeckOK Polizei- und Sicherheitsrecht Bayern, Art. 33 BayPAG, Rn. 10.

[65] Müller-Eiselt in: Möstl/Schwabenbauer, BeckOK Polizei- und Sicherheitsrecht Bayern, Art. 33 BayPAG, Rn. 10; Vgl. hierzu auch LT-Drs. Bayern 17/21887, Änderungsantrag zum PAG-Neuordnungsgesetz, S. 1.

[66] Vgl. LT-Drs. Bayern 17/23573, Reform des Polizeiaufgabengesetzes 2018, S. 2 f.

[67] LT-Drs. Bayern 17/20425, PAG-Neuordnungsgesetz, S. 60.

[68] LT-Drs. Bayern 17/20425, PAG-Neuordnungsgesetz, S. 12 f.

Entwurf des Art. 33 Abs. 5 BayPAG (inklusive personenbezogener Verhaltens(muster)erkennung) wurde explizit eine „*Kombination mit dem sog. Tracking, also der automatisierten Nachverfolgung einer bestimmten Person durch Kameras*"[69] erwähnt. Anschließend wurde dort erläutert: „*Bewegungsbilder entstehen* [...] *bei einem automatisierten Tracking im Trefferfall zwangsläufig, sind jedoch auf den Erfassungsbereich des Systems begrenzt.*"[70] Art. 41 BayPAG erwähnt zwar die gegenstands- und personenbezogene Mustererkennung nicht explizit. Dies war bzw. ist aber genauso wenig bei § 27 S. 1 Nr. 2 BPolG der Fall, einer Norm, auf welche, wenngleich nur im Rahmen eines Tests am Bahnhof Berlin-Südkreuz, bereits Gesichtserkennungsmaßnahmen gestützt wurden. Auch in entsprechender Kommentarliteratur wird die Möglichkeit des Einsatzes von Tracking lediglich erwähnt, ohne näher zu erläutern, was darunter konkret zu verstehen ist.[71] Letztlich ist also – mangels konkreter Erkenntnisse zu möglichen Funktionsweisen im Zusammenhang mit Tracking-Funktionen – keine eindeutige Bewertung möglich, ob die Erkennung lediglich der Umrisse oder sogar des Gesichts einer Person von Art. 41 Abs. 1 S. 3 BayPAG umfasst bzw. solches beim Tracking einer Person technisch überhaupt erforderlich ist.

Zusammenfassend ist daher festzustellen, dass derzeit für die Bayerische Polizei keine nennenswerten rechtlichen Möglichkeiten und Befugnisse hinsichtlich personenbezogener Verhaltens(muster)erkennung sowie Gesichtserkennung ersichtlich sind. Das Europäische Parlament beabsichtigte – jedenfalls noch bis Dezember 2023 – ein weitgehendes Verbot von biometrischen Fernidentifizierungssystemen in Echtzeit, insbesondere mittels Gesichtserkennung, sodass derartige Systeme voraussichtlich – auch angesichts des aktuellen Standes der KI-Verordnung – lediglich in besonderen Ausnahmefällen möglich sein werden.[72] Gemäß Art. 3 Nr. 36 des Vorschlags für die KI-Verordnung vom 21.04.2021 ist ein „biometrisches Fernidentifizierungssystem" ein KI-System, das dem Zweck dient, natürliche Personen aus der Ferne durch Abgleich der biometrischen Daten einer Person mit den in einer Referenzdatenbank gespeicherten biometrischen Daten zu identifizieren, ohne dass die Nutzer*innen des

---

[69] Ebd., S. 52.

[70] Ebd., S. 52.

[71] Vgl. Schmidbauer in: Schmidbauer/Steiner, PAG/POG, Art. 41 BayPAG, Rn. 98; Der Hersteller DJI bietet nach eigener Aussage ULS mit der intelligenten Funktion „ActiveTrack" an, wodurch das ULS u. a. Personen „erkennen" und diesen folgen könne, ebenfalls ohne die Funktionsweise genauer zu erläutern, vgl. https://www.dji.com/de/phantom-4-pro-v2, zuletzt abgerufen am 06.02.2024.

[72] Vgl. Europäisches Parlament, KI-Gesetz: erste Regulierung der künstlichen Intelligenz.

KI-Systems vorher wissen, ob die Person anwesend sein wird und identifiziert werden kann. Gerade die Überwachung des öffentlichen Raums mittels ULS mit Gesichts- und Verhaltenserkennung in Echtzeit wird voraussichtlich der Hochrisiko- oder gegebenenfalls sogar der verbotenen KI unterfallen: *„Zu solchen Hochrisiko-KI-Systemen gehören auch [...] bestimmte Systeme, die in den Bereichen Strafverfolgung [...] und demokratische Prozesse eingesetzt werden. Darüber hinaus gelten auch Systeme zur biometrischen Identifizierung und Kategorisierung sowie zur Emotionserkennung als hochriskant. [...] KI-Systeme, die als klare Bedrohung für die Grundrechte der Menschen gelten, **werden ganz verboten** [Hervorhebung i. O.]. Dazu gehören KI-Systeme oder -Anwendungen, die menschliches Verhalten manipulieren, um den freien Willen der Nutzer zu umgehen (z. B. [...] bestimmte Anwendungen der vorausschauenden polizeilichen Überwachung. Darüber hinaus werden einige Verwendungsarten biometrischer Systeme verboten, z. B. [...] einige Systeme [...] zur biometrischen Fernidentifizierung in Echtzeit zu Strafverfolgungszwecken im öffentlich zugänglichen Raum (mit eng abgesteckten Ausnahmen).“*[73] Solche Ausnahmen lagen zumindest gemäß Art. 5 Abs. 1 lit. d) des Vorschlags für die KI-Verordnung vom 21.04.2021 vor, wenn der Einsatz eines biometrischen Echtzeit-Fernidentifizierungssystems in öffentlich zugänglichen Räumen unbedingt erforderlich ist zur Auffindung der Opfer von Straftaten oder vermisster Kinder, zur Abwehr von Terroranschlägen sowie konkreten, erheblichen und unmittelbaren Gefahren für die körperliche Unversehrtheit oder das Leben natürlicher Personen sowie zur Detektion von Personen, die in Verdacht stehen, bestimmte Straftaten begangen zu haben. Derartige Systeme können voraussichtlich in der Regel nur nach richterlicher Entscheidung (Art. 5 Abs. 3 des Vorschlags für die KI-Verordnung vom 21.04.2021) verwendet werden. Nach vorgenannten Kriterien zu urteilen, wonach auch Systeme mit der Fähigkeit zur Verhaltens- und insbesondere Emotionserkennung sowie bestimmte Formen des „Predictive Policing" mindestens der Hochrisiko-KI unterfallen sollen, wären bestimmte Forschungsprojekte – wie z. B. das nachfolgend erwähnte – unter Umständen künftig von der KI-Verordnung betroffen: Im Zeitraum von 2014 bis 2019 beschäftigte sich das Forschungsprojekt *„Emotion. Eskalation. Gewalt.* [...] mit „[d]er [...] Fragestellung ob sich Eskalationsprozesse [...] mittels einer beobachtenden Kamera und einer entsprechenden Auswertungssoftware automatisiert oder teilautomatisiert erkennen lassen [...]. Bestimmt werden sollten auf diese Weise, welche Merkmale von erfahrenen Beobachter_innen [u. a. bei Fußballspielen] [...] zur (Früh-)Erkennung und Beurteilung von Eskalationsprozessen*

---

[73] Europäische Kommission, Kommission begrüßt politische Einigung über das Gesetz über künstliche Intelligenz.

herangezogen werden und wie sich diese mit Verfahren der modernen Bildverarbeitung abbilden und echtzeitfähig implementieren lassen. [...] *Ziel* [...] *war die Entwicklung und praktische Erprobung eines mobilen Mehrkamerasystems nebst zugehörigem Softwareframework, das in der Lage wäre, Menschengruppen* [...] *zu erfassen und ein Maß für die aktuelle Eskalationssituation zu schätzen. Die Auswertung des von den Kameras aufgezeichneten Bildmaterials sollte* [...] *in Echtzeit* [...] *geschehen.*"[74] Das Projekt kam allerdings zu dem Ergebnis, dass die erprobten Kamerasysteme eine*n fachkundige*n Beobachter*in allenfalls unterstützen, diese*n aber – nach damaligem Stand der Technik – nicht ersetzen könnten.[75]

Seit einigen Jahren erlaubt § 44 Abs. 4 S. 1 Polizeigesetz Baden-Württemberg (PolG BW) bei Videoüberwachung im Zusammenhang mit gefährdeten Veranstaltungen bzw. bestimmten kriminalitätsbelasteten Orten zugleich die automatisierte Auswertung zum Erkennen von personenbezogenen Verhaltensmustern, die auf die Begehung einer Straftat hindeuten. Der Baden-Württembergische Gesetzgeber wollte die Polizeikräfte mit der Befugnis ausstatten, *„an Kriminalitätsschwerpunkten und gefährdeten Objekten, sowie bei öffentlichen Veranstaltungen und Ansammlungen, wenn dort terroristische Anschläge drohen"*[76] intelligente Videoüberwachung einzusetzen.[77] Man erhoffte bzw. erwartete sich davon u. a. eine Stärkung des Sicherheitsgefühls, die Verhinderung von Angsträumen sowie eine Reduktion des polizeilichen Personalaufwands.[78] *„Die Voraussetzungen für die „intelligente Videoüberwachung" knüpfen an den* [...] *Rechtsrahmen zur herkömmlichen Videoüberwachung an und ermöglichen* [...] *darüber hinaus, die gewonnenen Bilder anhand bestimmter Verhaltensmuster* [...] *automatisch auszuwerten.* [...] *Beobachter am Überwachungsmonitor* [sind] *im Idealfall nur noch dann gefordert* [...], *wenn das System eine gefährliche Situation erkennt und eine* [...] *„Alarmmeldung" abgibt. Eine automatische Auswertung anhand biometrischer Merkmale*

---

[74] Reichertz, Automatisierung der Sicherheit in Fußballstadien durch Kamerasysteme?, S. 223 f.; Bezüglich der Projektbeschreibung siehe auch: https://gepris.dfg.de/gepris/projekt/258979342?context=projekt&task=showDetail&id=258979342&, zuletzt abgerufen am 06.02.2024.

[75] Vgl. Reichertz, Automatisierung der Sicherheit in Fußballstadien durch Kamerasysteme? S. 233.

[76] LT-Drs. Baden-Württemberg 16/2741, Gesetz zur Änderung des Polizeigesetzes und des Gesetzes über die Ladenöffnung in Baden-Württemberg, S. 22.

[77] Vgl. ebd., S. 22.

[78] Vgl. ebd., S. 22.

ist [...] nicht möglich."[79] Das *„Kernelement [...] bildet eine auf künstlicher Intelligenz beruhende Experimentalsoftware, welche in einer Projektpartnerschaft mit dem Fraunhofer-Institut für Optronik, Systemtechnik und Bildauswertung (IOSB) [...] entwickelt wird.*"[80] Die intelligente Videoüberwachung solle keine Verknüpfungen herstellen oder Datenabgleiche durchführen und beinhalte auch keine Gesichtserkennung.[81] Stattdessen gehe es um die *„Erkennung polizeilich relevanter Verhaltensmuster durch das softwarebasierte Analysieren menschlicher Verhaltensweisen sowie die Berechnung einer Wahrscheinlichkeit für das Vorliegen eines polizeilich relevanten Sachverhalts*"[82]. Eine derartige *„automatische Auswertung stellt* [nach Einschätzung des Gesetzgebers] *einen zusätzlichen Eingriff in das Recht auf informationelle Selbstbestimmung der Betroffenen dar*"[83]. *„Höchstpersönliche Bereiche wurden im Vorfeld identifiziert und durch technische Vorkehrungen (Verpixelung) von der Videoüberwachung ausgeschlossen. Bei Versammlungslagen wird die Videoüberwachung temporär deaktiviert [...].*"[84] Es würden lediglich *„tatsächliche Geschehensabläufe mit abstrakten Verhaltensmustern abgeglichen, um ein polizeilich relevantes Verhalten zu identifizieren*"[85], ohne dass hierdurch ein Personenbezug herstellbar sei.[86] Verhaltensmuster sollen durch den Algorithmus nur *„anhand einer Analyse von Bewegungsabläufen, Gruppenbildungen oder von ortsfesten bzw. unbeweglichen Objekten*"[87] als relevant detektiert und gemeldet werden.[88]

Eine hinreichende Offenheit bzw. Transparenz soll augenscheinlich dergestalt erzielt werden, dass die Polizei gemäß § 44 Abs. 10 PolG BW auf die

---

[79] LT-Drs. Baden-Württemberg 16/2741, Gesetz zur Änderung des Polizeigesetzes und des Gesetzes über die Ladenöffnung in Baden-Württemberg, S. 22.

[80] LT-Drs. Baden-Württemberg 17/2833, Auswertung des Projektes „Intelligente Videoüberwachung" in Mannheim, S. 2.

[81] Vgl. LT-Drs. Baden-Württemberg 16/2741, Gesetz zur Änderung des Polizeigesetzes und des Gesetzes über die Ladenöffnung in Baden-Württemberg, S. 53, 55.

[82] LT-Drs. Baden-Württemberg 17/2833, Auswertung des Projektes „Intelligente Videoüberwachung" in Mannheim, S. 3.

[83] LT-Drs. Baden-Württemberg 16/2741, Gesetz zur Änderung des Polizeigesetzes und des Gesetzes über die Ladenöffnung in Baden-Württemberg, S. 28.

[84] LT-Drs. Baden-Württemberg 17/2833, Auswertung des Projektes „Intelligente Videoüberwachung" in Mannheim, S. 4.

[85] LT-Drs. Baden-Württemberg 16/2741, Gesetz zur Änderung des Polizeigesetzes und des Gesetzes über die Ladenöffnung in Baden-Württemberg, S. 53.

[86] Vgl. ebd., S. 53.

[87] Ebd., S. 54.

[88] Vgl. ebd., S. 54.

automatisierte Auswertung, sofern diese nicht offenkundig ist, in geeigneter Weise hinweisen muss. Der Algorithmus wurde u. a. dahingehend trainiert, *„grobmotorische*[...] *Verhaltens- und Bewegungsmuster*[...], *wie bspw. schlagen oder treten*"[89] zu identifizieren. Mit Stand 15.05.2020 waren jedenfalls zum Testbetrieb in der Stadt Mannheim im Rahmen des Projekts *„Videoüberwachung Mannheim 2017*"[90] noch keine eindeutigen Aussagen zur Zuverlässigkeit bzw. zum effektiven praktischen Nutzen des Systems möglich.[91]

Nach Angaben des Baden-Württembergischen Ministeriums des Inneren, für Digitalisierung und Kommunen vom 05.07.2022 habe das System auch bis zu diesem Zeitpunkt noch keine *„finale Anwendungsreife*"[92] erlangt, wenngleich die Erfahrungen per se positiv bewertet und eine umfassende Evaluierung in Aussicht gestellt wird.[93] Zudem habe 2020 eine *„repräsentative Umfrage*"[94] stattgefunden, die zeige, dass sich *„17 Prozent der Einwohner Mannheims* [...] *aufgrund der Videoüberwachung deutlich sicherer, 34 Prozent* [...] *etwas sicherer*"[95] fühlen würden. Jeweils über 90 % der befragten Personen äußerten dabei, *„die geschützten Bereiche nicht* [zu] *meiden*"[96] bzw. *„ihr Verhalten dort nicht ein*[zuschränken]"[97].

Wie vorgenannte Beispiele zeigen, gibt es bezüglich personenbezogener Gesichts- und Verhaltens(muster)erkennung augenscheinlich noch viel Entwicklungspotential, bevor die Technologie überhaupt im Rahmen regulärer Polizeiarbeit breitere Verwendung finden kann. Hinzu kommt, dass die Implementierung solcher Technologien bei der Bayerischen Polizei bereits jetzt – noch vor Inkrafttreten der KI-Verordnung – mit erheblichem Aufwand verbunden wäre, gesetzgeberische Anpassungen der Befugnisnormen erfordern würde und auch der weitere Einsatz der Technologien u. a. der Kontrolle des BayLfD unterläge. So sieht z. B. Art. 64 Abs. 1 S. 1, S. 2, Abs. 2 BayPAG vor, dass

---

[89] LT-Drs. Baden-Württemberg 16/8128, Zwischenergebnisse des Pilotprojekts zur „intelligenten Videoüberwachung" in Mannheim, S. 3.

[90] Ebd., S. 2.

[91] Vgl. ebd., S. 5 f.

[92] LT-Drs. Baden-Württemberg 17/2833, Auswertung des Projektes „Intelligente Videoüberwachung" in Mannheim, S. 3.

[93] Vgl. ebd., S. 2 f.

[94] Ebd., S. 4.

[95] Ebd., S. 4.

[96] Ebd., S. 4.

[97] Ebd., S. 4.

eine für den erstmaligen Einsatz derartiger automatisierter Verfahren zu erstellende Errichtungsanordnung der Zustimmung des Staatsministeriums bedarf und zudem dem BayLfD vorzulegen ist. Handelt es sich dabei um eine Datenverarbeitung, die auf Grund ihrer Art, ihres Umfangs, ihres Zwecks, des Einsatzes neuer Technologien oder sonstiger Umstände voraussichtlich ein hohes Risiko für die Rechte natürlicher Personen in sich birgt, muss die Polizei vor ihrer erstmaligen Anwendung eine Datenschutz-Folgenabschätzung durchführen, insbesondere wenn hierbei durch Abgleiche i. S. d. Art. 61 Abs. 2 BayPAG Bild- oder anderweitige Aufnahmen automatisch gesteuert werden können. Ist eine Datenschutzfolgenabschätzung erforderlich, muss dem BayLfD zudem in der Regel vor der erstmaligen Anwendung Gelegenheit zur Stellungnahme binnen sechs Wochen gegeben werden, wobei diese Frist auf dessen Ersuchen hin auf zehn Wochen verlängert werden kann, was den Implementierungsprozess zusätzlich in die Länge zieht. Außerdem müsste eine Aufnahme in das jeweilige Verarbeitungsverzeichnis gemäß Art. 28 Abs. 1 S. 1 Nr. 1, Abs. 2 S. 2, Art. 31 BayDSG i. V. m. Art. 30 DSGVO erfolgen, zu welchem der zuständigen Datenschutz-Aufsichtsbehörde ebenfalls Zugang gewährt werden muss. Des Weiteren dürfte eine derartige Technologie nur eingeführt werden, wenn die Verarbeitungsvorgänge des Systems gemäß Art. 63 Abs. 2 BayPAG (Erhebung, Veränderung, Abruf, Offenlegung, Verknüpfung und Löschung) ausreichend protokolliert werden. Auch diese Protokolle können durch den BayLfD jederzeit angefordert und geprüft werden, Art. 63 Abs. 3 S. 2 BayPAG. Des Weiteren sieht Art. 50 Abs. 1 S. 1 Nr. 3, Nr. 5 BayPAG für Maßnahmen gemäß Art. 47 Abs. 1 Nr. 2, Art. 36 Abs. 2 und Art. 47 Abs. 1 Nr. 3, Art. 41 Abs. 1 S. 1 BayPAG eine Benachrichtigung der Betroffenen vor. Über bestimmte Maßnahmen, wie z. B. Art. 47 Abs. 1 Nr. 3, Art. 41 Abs. 1 S. 1 BayPAG, müssen gemäß Art. 52 Abs. 1 S. 1 Nr. 5, Abs. 2 BayPAG zudem bereits jetzt jährlich das Parlamentarische Kontrollgremium sowie die Öffentlichkeit unterrichtet werden. Einer Vollautomatisierung von Verarbeitungsprozessen stehen bei der Bayerischen Polizei zudem bereits jetzt beschränkende gesetzliche Bestimmungen entgegen. Gemäß Art. 66 S. 1 BayPAG, Art. 28 Abs. 1 S. 1 Nr. 1, Art. 35 Abs. 1 BayDSG dürfen Entscheidungen, die für die betroffene Person mit einer nachteiligen Rechtsfolge verbunden sind oder sie erheblich beeinträchtigen, einschließlich Profiling, nicht ausschließlich auf eine automatisierte Verarbeitung gestützt werden, es sei denn, eine Rechtsvorschrift lässt dies ausdrücklich zu. Unter Profiling ist gemäß Art. 4 Nr. 4 DSGVO jede Art der automatisierten Verarbeitung personenbezogener Daten zu verstehen, die darin besteht, dass diese personenbezogenen Daten verwendet werden, um bestimmte persönliche Aspekte zu bewerten, insbesondere um Aspekte bezüglich Arbeitsleistung, wirtschaftliche Lage, Gesundheit, persönliche

Vorlieben, Interessen, Zuverlässigkeit, Verhalten, Aufenthaltsort oder Ortswechsel dieser natürlichen Person zu analysieren oder vorherzusagen. Profiling muss grundsätzlich gemäß Art. 28 Abs. 1 S. 1 Nr. 1, Art. 31 S. 1 BayDSG in das Verzeichnis der Verarbeitungstätigkeiten gemäß Art. 30 DSGVO Eingang finden. Sofern Profiling zur Folge hat, dass betroffene Personen auf der Grundlage von besonderen Daten im Sinne des Art. 9 Abs. 1 DSGVO benachteiligt werden, ist es gemäß Art. 66 S. 1 BayPAG, Art. 28 Abs. 1 S. 1 Nr. 1, Art. 35 Abs. 2 BayDSG ohnehin verboten.

Zusammenfassend ist festzustellen, dass der Bayerischen Polizei derzeit nur begrenzte rechtliche Befugnisse zum Einsatz personenbezogener intelligenter Videoüberwachung zur Verfügung stehen. Die Entwicklung in anderen Bundesländern ist bisher augenscheinlich ebenfalls nur in geringem Umfang vorangeschritten und beschränkt sich eher auf lokal begrenzte Pilotprojekte. Um etwaige Möglichkeiten personenbezogener Gesichts- sowie Verhaltens(muster)erkennung in Anspruch zu nehmen, ist die Einführung derartiger Technologien bereits jetzt an umfangreiche gesetzliche Vorgaben geknüpft. Mit Inkrafttreten der KI-Verordnung werden daher bestehende sowie künftige gesetzliche Befugnisnormen unter zusätzlichen Gesichtspunkten bewertet und gegebenenfalls angepasst werden müssen, um den Einsatz derartiger Technologien zu ermöglichen.

Polizei-/Kriminalwissenschaftliche und ethische Implikationen

4

Wie zuvor an verschiedenen Stellen thematisiert, gibt es immer wieder Vorbehalte gegen die Einführung und Intensivierung des Einsatzes automatisierter Datenverarbeitung beispielsweise im Zusammenhang mit Videoüberwachung durch die Polizei. Dabei handelt es sich mit zunehmendem technologischen Fortschritt teilweise um die Fortführung oder Betonung bereits bestehender Kritikpunkte, teilweise aber auch um neue Einwände, insbesondere hinsichtlich bestimmter moderner Technologien, wie der intelligenten, auch KI-gestützten, Videoüberwachung in Form der Gesichts- oder der personenbezogenen Verhaltens(muster)erkennung.

4.1 Betroffenenrechte und Kontrollmechanismen

Einer der Hauptkritikpunkte hinsichtlich der Vereinbarkeit gerade des mobilen ULS-Einsatzes mit Betroffenenrechten ist sicherlich die potentielle Betroffenheit zahlreicher Unbeteiligter bzw. nur zufällig betroffener Personen. Diese Frage wird insbesondere dann aufgeworfen, wenn das durch ein ULS erzeugte Videobild zur Steuerung des Luftfahrzeugs benötigt wird, daher nicht deaktivierbar ist und es so zur versehentlichen bzw. unbeabsichtigten Erfassung von Personen z. B. auf dem Weg zu einem oder am Einsatzort kommt.[1] Hierbei fällt auf, dass Art. 47 Abs. 1 Nr. 1, Nr. 2 BayPAG ausdrücklich nicht auf die jeweiligen Bestimmungen zur Erfassung Unbeteiligter, Art. 33 Abs. 7 und Art. 36 Abs. 2 S. 1 Nr. 3, S. 2 BayPAG, verweist. Allerdings gestatten die Art. 47 Abs. 1 Nr. 1, Art. 33 Abs. 1 Nr. 2, Abs. 2 Nr. 2, Nr. 3 BayPAG Übersichtsaufnahmen/

---

[1] Vgl. Müller-ter Jung/Rexin, Datenschutz beim polizeilichen Drohneneinsatz, S. 644, Rn. 6 und S. 651, Rn. 72.

-aufzeichnungen von Veranstaltungen sowie Videoaufnahmen/-aufzeichnungen bestimmter Örtlichkeiten mittels ULS, bei deren Durchführung die Erfassung Unbeteiligter typischerweise kaum vermeidbar ist. Auch nimmt Art. 33 Abs. 7 BayPAG ausdrücklich auf Art. 33 Abs. 1 bis 3 BayPAG Bezug. Offenbar wollte der bayerische Gesetzgeber beim ULS-Einsatz bezüglich des Umgangs mit der Erfassung Unbeteiligter vollumfänglich auf die jeweiligen Bestimmungen in den Grundmaßnahmen zurückgreifen und keine speziellen Regelungen für ULS treffen. Aufgrund der – je nach Einsatzart und im Gegensatz zu herkömmlicher stationärer Kameratechnik – potentiell deutlich erhöhten Streubreite eines ULS und des daraus im Einzelfall resultierenden Risikos einer Unverhältnismäßigkeit und damit Rechtswidrigkeit einer polizeilichen Videoüberwachungsmaßnahme stellt sich die Frage, wie in solchen Fällen, z. B. mit rechtswidrig erhobenen Videoaufzeichnungen umzugehen wäre.[2] Grundsätzlich sind personenbezogene Daten, die durch die Polizei erhoben werden, ohne dass dafür eine polizeiliche Aufgabe gemäß Art. 2 BayPAG eröffnet sowie die Voraussetzungen einer einschlägigen Befugnisnorm vorliegen, gemäß Art. 62 Abs. 2 S. 1 Nr. 1 Bay-PAG unverzüglich zu löschen. Hierzu ist allerdings anzumerken, dass Art. 62 Abs. 3 S. 1 BayPAG den Verzicht auf Löschungen von unzulässigerweise erhobenen Daten augenscheinlich relativ großzügig gestattet, z. B. bereits dann, wenn die Löschung im Einzelfall nicht oder nur mit unverhältnismäßig hohem Aufwand möglich ist (Art. 62 Abs. 3 S. 1 Nr. 3 BayPAG). Theoretisch lässt zudem Art. 62 Abs. 3 S. 1 Nr. 4 Alt. 2 i. V. m. Art. 54 Abs. 4 BayPAG sogar den Verzicht auf die Löschung rechtswidrig erhobener Daten zu, wenn die Polizei diese zu Zwecken der Aus- und Fortbildung oder zu statistischen Zwecken weiterverarbeiten möchte. Die Verarbeitung derartiger, gemäß Art. 62 Abs. 3 S. 1 BayPAG aufbewahrter Datensätze ist nach Art. 62 Abs. 3 S. 2, S. 3 BayPAG zwar einzuschränken bzw. unterliegen diese Datensätze einer strikten Zweckbindung. Dennoch stellt sich die Frage, ob nicht durch diese umfassenden gesetzlichen Ausnahmen u. a. sowohl die Löschpflicht des Art. 62 Abs. 2 S. 1 Nr. 1 BayPAG als auch der eigentlich unmissverständliche Grundsatz, Art. 31 Abs. 1 Bay-PAG, wonach personenbezogene Daten nur erhoben werden dürfen, soweit dies durch Rechtsvorschrift zugelassen ist, entwertet werden. Auch werden Polizeibeschäftigte gerade durch die Möglichkeit des Löschungsverzichts bei „zu großem Aufwand" gegebenenfalls dazu verleitet, die Aussonderung Unbeteiligter nicht einmal zu versuchen bzw. nicht ausreichend dazu motiviert, nach (auch technischen) Lösungen zu suchen, um entweder bereits die Erfassung Unbeteiligter

---

[2] Vgl. Müller-ter Jung/Rexin, Datenschutz beim polizeilichen Drohneneinsatz, S. 649, Rn. 47.

zu vermeiden oder wenigstens die nachträgliche Aussonderung oder Anonymisierung zu ermöglichen. Was für die Polizei „großen Aufwand" verursacht, unterliegt zudem in erster Linie der *„Definitionsmacht"*[3] der Polizei und lässt sich durch Betroffene gegebenenfalls nicht ohne Unterstützung durch Aufsichtsbehörden oder Gerichte überprüfen. Umgekehrt könnte die strikte Beachtung des Löschgebots bei fehlenden technischen Lösungen sowie einem damit erwartbar hohem Aufwand für die Bereinigung des Datenbestandes dazu führen, dass seitens der Polizei unter Umständen ganz auf den ULS-Einsatz verzichtet werden muss, wenn nicht ausreichend personelle Kapazitäten bestehen, um die Aussonderungen manuell vorzunehmen.

Hinzu kommt, dass die Art. 48 bis Art. 52 BayPAG, lediglich für bestimmte Arten der Videoüberwachung mittels ULS dezidierte Vorgaben für die Weiterverarbeitung personenbezogener Daten bzw. deren Kennzeichnung, eine umfassende Protokollierung sowie Benachrichtigungs- und Unterrichtungspflichten enthalten. Gerade wenn jedoch bei einer verdeckten Videoüberwachung mittels ULS Unbeteiligte erfasst werden, besteht beispielsweise gemäß Art. 50 Abs. 1 S. 1 Nr. 3 lit. b), S. 5 BayPAG die Möglichkeit, auf eine Benachrichtigung der betroffenen Personen, gegen die sich die Maßnahme nicht gerichtet hat, zu verzichten, wenn diese von der Maßnahme nur unerheblich betroffen wurde. Des Weiteren sind gemäß Art. 50 Abs. 1 S. 6 BayPAG Nachforschungen zur Feststellung der Identität einer in Art. 50 Abs. 1 S. 1 BayPAG bezeichneten Person nur vorzunehmen, wenn dies unter Berücksichtigung der Eingriffsintensität der Maßnahme gegenüber dieser Person, des Aufwands für die Feststellung sowie der daraus für diese oder andere Personen folgenden Beeinträchtigungen geboten ist. Die Beurteilung der Erheblichkeit der Betroffenheit sowie des Aufwands obliegt dabei der Polizei. Grundsätzlich ist diese Ausnahmeregelung – insbesondere, wenn die Ermittlung der Identität der Betroffenen, nur, um Benachrichtigungspflichten zu erfüllen, zu weiteren Grundrechtseingriffen führt – wichtig und sachgerecht.[4] Auf der anderen Seite ist es wohl kaum zu vermeiden, dass Ausnahmen auch Missbrauchspotential beinhalten. Für die offene polizeiliche Videoüberwachung mittels ULS sieht demgegenüber Art. 33 Abs. 8 S. 1 BayPAG vor, dass Bildaufnahmen oder -aufzeichnungen spätestens zwei Monate nach der Datenerhebung zu löschen sind, soweit diese nicht im Einzelfall zur Verfolgung von Ordnungswidrigkeiten von erheblicher Bedeutung oder Straftaten oder zur Überprüfung der Rechtmäßigkeit der polizeilichen Maßnahme, benötigt werden.

---

[3] Derin/Singelnstein, Die Polizei, Helfer, Gegner, Staatsgewalt, S. 53.

[4] Vgl. Müller-ter Jung/Rexin, Datenschutz beim polizeilichen Drohneneinsatz, S. 652 f., Rn. 81 f.

Des Weiteren haben Betroffene die Möglichkeit eines in Eigeninitiative zu stellenden Auskunftsantrags gemäß Art. 65 Abs. 1 S. 1, 2 Nr. 1–6 BayPAG, um festzustellen, ob etwaige Lichtbilder bzw. Videoaufzeichnungen angefertigt, gespeichert, weiterverarbeitet oder übermittelt wurden. Die Bayerische Polizei ist nach dieser Bestimmung verpflichtet, auf Antrag mitzuteilen, ob eine Person betreffende, personenbezogene Daten, einschließlich Bild- und Tonaufnahmen, verarbeitet werden. Sollten Bürger*innen von diesem Recht allerdings nicht nennenswert Gebrauch machen, stellt sich gerade im Anwendungsbereich der vorgenannten Ausnahmeregelungen die Frage, ob für die Beschäftigten der Bayerischen Polizei – ganz im Sinne von „Wo kein Kläger, da kein Richter." – ausreichend Motivation zur strikten Umsetzung insbesondere von Löschvorgaben entsteht. Sofern die Polizei allerdings vorgenannte Problemstellungen tatsächlich zum Anlass z. B. für die Intensivierung automatisierter Datenverarbeitung zum Zwecke der Qualitätssicherung sowie des Datenschutzes nehmen würde, besteht wiederum für die Implementierungszeiträume das Erfordernis, in personelle Ressourcen zu investieren, sich mit gegebenenfalls auftretenden technischen Fehlern und Problemstellungen sowie den potentiellen Kritiker*innen automatisierter Datenverarbeitung auseinanderzusetzen.[5]

Bereits jetzt ist die Bayerische Polizei gemäß Art. 64 Abs. 1 S. 1, S. 3 BayPAG verpflichtet, für den erstmaligen Einsatz automatisierter Verfahren oder wesentliche Änderungen an bestehenden Verfahren, mit denen personenbezogene Daten verarbeitet werden, eine Errichtungsanordnung zu erstellen bzw. diese zu aktualisieren und dem Bayerischen Staatsministerium des Innern, für Sport und Integration zur Zustimmung vorzulegen. In einer Errichtungsanordnung müssen wesentliche Eckpunkte eines beabsichtigten automatisierten Verfahrens, wie z. B. der Zweck, der betroffene Personenkreis, Datenübermittlungen, Überprüfungsfristen und die Speicherungsdauer, dargelegt werden. Nach Erteilung der Zustimmung muss die Errichtungsanordnung gemäß Art. 64 Abs. 1 S. 2 BayPAG dem Bayerischen Landesbeauftragten für den Datenschutz vorgelegt werden. Sofern dieser Anlass zu weitergehenden Prüfungen sieht, ist die Bayerische Polizei gemäß Art. 66 S. 1 BayPAG, Art. 28 Abs. 1 S. 1 Nr. 1, Art. 16 Abs. 1, Abs. 2 BayDSG verpflichtet, den BayLfD bei der Erfüllung seiner Aufgaben zu unterstützen und ihm hierzu z. B. alle erforderlichen Informationen zur Verfügung zu stellen. Art. 66 S. 1 BayPAG, Art. 28 Abs. 1 S. 1 Nr. 1, Art. 16 Abs. 3 BayDSG sieht zudem vor, dass die Staatsministerien den BayLfD rechtzeitig über ihre Entwürfe von Rechts- und Verwaltungsvorschriften des Freistaates Bayern sowie über ihre Planungen bedeutender Verfahren zur Verarbeitung personenbezogener

---

[5] Vgl. beispielhaft: Biermann/Wiegold, Drohnen, S. 112.

Daten unterrichten müssen. Auf diese Weise erhält der BayLfD zahlreiche Möglichkeiten, auf die Vorhaben der Bayerischen Polizei Einfluss zu nehmen bzw. festgestellte Datenschutzverstöße gemäß Art. 28 Abs. 1 S. 1 Nr. 1, Abs. 2, Art. 16 Abs. 4 BayDSG i. V. m. Art. 57-59 DSGVO zu sanktionieren sowie diese nicht zuletzt der Öffentlichkeit zugänglich zu machen.

Auch haben einzelnen Bürger*innen jederzeit die Möglichkeit, den BayLfD gemäß Art. 66 S. 1 BayPAG, Art. 20 Abs. 1, Art. 28 Abs. 1 S. 1 Nr. 1, Art. 34 Abs. 1 BayDSG um Unterstützung zu ersuchen, wenn sie sich in ihren Rechten verletzt sehen. Der einzige „Nachteil" ist dabei, dass Betroffene gemäß Art. 20 Abs. 2 BayDSG gegenüber dem BayLfD keine Auskunfts- oder Einsichtsrechte geltend machen können, sondern prinzipiell nur über das Ergebnis der Überprüfung des BayLfD unterrichtet werden, Art. 34 Abs. 1 S. 2 BayDSG. Neben oder anstatt der Anrufung der Aufsichtsbehörde können Bürger*innen jederzeit zusätzlich die Rechtmäßigkeit der polizeilichen Verarbeitung ihrer personenbezogenen Daten gerichtlich überprüfen lassen, was die Inanspruchnahme der damit einhergehenden Rechte (z. B. Akteneinsicht) ermöglicht, zudem aber natürlich mit Aufwand und Kostenrisiken verbunden ist.

Als weitere Kontrollinstanz sind zudem die jeweiligen behördlichen Datenschutzbeauftragten zu nennen, welche auch Bayerische Polizeibehörden gemäß Art. 66 S. 1 BayPAG, Art. 2, Art. 12 Abs. 1 S. 1, Art. 28 Abs. 1 S. 1 Nr. 1, Abs. 2 S. 1 Nr. 3, Art. 37 Abs. 1 lit. a) DSGVO benennen müssen und die insbesondere Gelegenheit zur Stellungnahme vor dem erstmaligen Einsatz oder einer wesentlichen Änderung eines automatisierten Verfahrens, mit dem personenbezogene Daten verarbeitet werden, erhalten. Diese behördlichen Datenschutzbeauftragten agieren weisungsfrei und können jederzeit durch betroffenen Personen zu Rate gezogen werden, Art. 66 S. 1 BayPAG, Art. 2, Art. 28 Abs. 1 S. 1 Nr. 1, Abs. 2 S. 1 Nr. 3, Art. 38 Abs. 3 S. 1, Abs. 4 DSGVO.

Es bleibt festzuhalten, dass grundsätzlich auch unabhängige, gesetzliche Kontrollinstanzen bzw. Prüfschritte vorgesehen sind, bevor die Bayerische Polizei z. B. neue Technologien einführen darf. Allenfalls im Zuge der weiteren Nutzung von automatisierten Verfahren kann gegebenenfalls nicht ausgeschlossen werden, dass unabhängige Überprüfungen des Regelbetriebs – z. B. bezüglich der Qualitätssicherung oder der Zuverlässigkeit der Einhaltung der Löschpflichten – überwiegend von den entsprechenden Kapazitäten und Schwerpunktsetzungen der Aufsichtsbehörden bzw. der jeweiligen behördlichen Datenschutzbeauftragten der Bayerischen Polizei sowie der jeweiligen Behördenleitung abhängen. Wenn Bürger*innen aktiv ihre Rechte wahrnehmen und sich informieren möchten, ist in jedem Fall aber durchaus gewährleistet, dass hierfür mehrere (auch unabhängige) Anlaufstellen zur Verfügung stehen. Da bei der Bayerischen Polizei – auch bezüglich unbeteiligter Betroffener – zudem bereits umfassende Vorgaben zur Gewährleistung von Betroffenenrechten bestehen, ist auch z. B. die Schaffung weiterer, ULS-spezifischer Lösch- oder Benachrichtigungsvorgaben nicht angezeigt, da dahingehend im Grundsatz keine gesetzlichen Lücken ersichtlich sind und zudem nicht erkennbar ist, wie weitere rechtliche Bestimmungen die bestehenden Probleme, wie etwa den Aufwand einer Personenidentifikation zur Umsetzung der Benachrichtigung, beheben könnten. Davon unabhängig sollten technische Möglichkeiten zur Vermeidung der Erfassung Unbeteiligter – je nach Stand der Technik – bestmöglich genutzt und forciert werden.[6] Ein wesentlicher Punkt darf nicht außer Acht gelassen werden: Zentraler Anknüpfungspunkt für den Vollzug einer präventivpolizeilichen Maßnahme ist eine Person, die eine Gefahr für bzw. eine „Störung" der öffentlichen Sicherheit und Ordnung (Art. 2 Abs. 1 BayPAG) verursacht bzw. die hierfür in irgendeiner Weise verantwortlich ist.[7] Die Heranziehung Unbeteiligter sollte daher im Grundsatz nur im Ausnahmefall bzw. unter bestimmten Mindestvoraussetzungen (vgl. z. B. Art. 10 BayPAG) erfolgen. Sofern aber die Forcierung des Rückgriffs auf Einsatzmittel, denen die potentielle Betroffenheit einer großen Zahl an unbeteiligten Personen immanent ist, letztlich in der Gesamtschau dazu führen sollte, dass die Erfassung Unbeteiligter faktisch der Regelfall wird, muss man sich kritisch damit auseinandersetzen, bis zu welchem Punkt polizeiliches Handeln noch den Grundprinzipien des Polizeirechts gerecht wird.[8]

4.2 Flächendeckende Überwachung und Chilling Effects

„Mit der Personalisierung eines beobachteten Objekts können die per Luftbeobachtung erfassten Daten mit allen sonst zu dieser Person verfügbaren Informationen verknüpft und weiter ausgewertet werden. Von Relevanz sind bei der Luftbeobachtung insbesondere Bewegungs- und Kontaktprofile, möglicherweise aber auch differenziertere Verhaltens- und Sozialprofile."[9] Nach wie vor stellen gerade ULS

---

[6] Vgl. Müller-ter Jung/Rexin, Datenschutz beim polizeilichen Drohneneinsatz, S. 654, Rn. 93.

[7] Vgl. Kniesel, Kriminalitätsbekämpfung durch Polizeirecht, S. 346.

[8] Ähnliche Argumentation: Vgl. Kniesel, Kriminalitätsbekämpfung durch Polizeirecht, S. 347.

[9] Weichert, Drohnen und Datenschutz, Bedrohungspotenzial und Gesetzgebungsbedarf bei der Beobachtung von oben, S. 502.

ein Sinnbild der Angst vor flächendeckender staatlicher Überwachung dar.[10]
Kritiker*innen befürchten in diesem Zusammenhang, dass das Bedürfnis der Bür-
ger*innen nach Sicherheit ausgenutzt werden könnte, um eine staatlich forcierte
Überwachung mittels ULS voranzutreiben.[11]

Amnesty International positioniert sich beispielsweise besonders deutlich
gegen den Einsatz von Gesichtserkennungstechnologie durch staatliche Institutionen: *„Die Massenüberwachung des öffentlichen Raumes durch Gesichtserkennungstechnologie ist weltweit ein wachsendes Problem. Sie verletzt durch ihre
invasive und anlasslose Art die Privatsphäre aller Menschen, [...]. Die allge-
genwärtige Überwachung hat eine einschüchternde Wirkung und kann Menschen
beispielsweise davon abhalten, an Demonstrationen teilzunehmen [...]. [...] In
jüngster Zeit hat Amnesty International eine Kampagne zur Ächtung der Technologie auf UN-Ebene gestartet und setzt sich aktuell auch für ein Verbot in der
Europäischen Union bei den laufenden Verhandlungen zur EU-KI-Verordnung ein.
[...] Die Technologie könnte die freie und anonyme Bewegung im öffentlichen
Raum gänzlich beenden. Sie ist zudem bei bereits marginalisierten Gruppen, etwa
Frauen und People of Colour, besonders fehleranfällig. Diese sind daher häufiger
von polizeilichen Folgemaßnahmen einer fälschlichen "Erkennung" betroffen.“*[12]
Ganz grundsätzlich ist diesen Ausführungen zunächst entgegenzuhalten, dass
bereits klassische Videoüberwachungsmaßnahmen ohne Gesichtserkennungsfunk-
tion nicht nur in Bayern nicht „anlasslos“ möglich sind.[13] Wie bereits dargelegt,
erfordern visuelle Überwachungsmaßnahmen bereits jetzt einen gerichtlich über-
prüfbaren Grund, z. B. eine entsprechende Kriminalitätsbelastung oder einen
gefährdeten Ort. Außerdem beinhalten bestehende Normen des BayPAG, des
BayDSG sowie nicht zuletzt der DSGVO weitere rechtliche Hürden für eine
etwaige intelligente Videoüberwachung, was sich im Zuge der bevorstehenden
KI-Verordnung gegebenenfalls noch intensivieren wird. Zwar kann nicht außer
Acht gelassen werden, dass gerade neue technische Mittel, insbesondere solange
sie noch nicht besonders gesetzlich geregelt sind, unter Umständen zum „Aus-
probieren“ und auch zur Ausnutzung von rechtlichen „Graubereichen“ verleiten.
Allerdings verbleiben bei der Bayerischen Polizei selbst in solchen Situationen
zumindest Generalklauseln, die allgemeinen Grundsätze der Datenerhebung (Art.

---

[10] Vgl. beispielhaft: Biermann/Wiegold, Drohnen, S. 100.

[11] Vgl. Biermann/Wiegold, Drohnen, S. 107.

[12] Vgl. Amnesty International, Amnesty-Untersuchung zum Einsatz von Gesichtserkennungstechnologie in Hebron und Ost-Jerusalem.

[13] Vgl. Gusy, Polizei- und Ordnungsrecht, S. 105, Rn. 201; Vgl. Zöller/Ihwas: Rechtliche
Rahmenbedingungen des polizeilichen Flugdrohneneinsatzes, S. 414.

30, 31 BayPAG), der Verhältnismäßigkeitsgrundsatz sowie verschiedene gesetz-
liche Bestimmungen (Art. 48, 53 Abs. 2 BayPAG) und Rechtsprechung zur
Zweckbindung/-änderung als Korrektiv.[14] Dabei verlangt beispielsweise Art. 31
Abs. 4 S. 3 BayPAG grundsätzlich explizit die Benachrichtigung Betroffener bei
verdeckten Maßnahmen.[15] Da Art. 66 S. 1 BayPAG i. V. m. 28 Abs. 1 S. 1 Nr. 1,
Art. 32 BayDSG sowie Art. 28 Abs. 2 S. 1 Nr. 3, S. 2 BayDSG, Art. 24 Abs. 1,
Abs. 2, Art. 32 Abs. 1, Abs. 2 DSGVO nicht zwischen Probe- und Echtbetrieb
unterscheiden, ist zudem auch beim bloßen „Testen" technischer Innovationen
mit Echtdaten eine Risikobewertung bzw. die Ergreifung hinreichender technisch-
organisatorischer Maßnahmen zum Schutz der Betroffenen erforderlich. Als
mögliche Maßnahme erwähnt Art. 32 Abs. 1 lit. d) DSGVO ausdrücklich auch
die Festlegung eines Verfahrens zur regelmäßigen Überprüfung, Bewertung und
Evaluierung der Wirksamkeit der technischen und organisatorischen Maßnahmen
zur Gewährleistung der Sicherheit der Verarbeitung. Grundsätzlich gibt es daher
auch in Übergangsphasen bereits jetzt umfangreiche gesetzliche Möglichkeiten,
um Betroffenenrechte zu wahren und unkontrollierte, flächendeckende Überwachung zu verhindern, bis der Gesetzgeber prüfen kann, ob eine neue spezifische
gesetzliche Regelung erforderlich ist.

Bei der Auseinandersetzung mit Kritik an Videoüberwachungsmaßnahmen
stellt sich des Weiteren generell das Problem, dass Menschen in ihrem jeweiligen Bewusstsein, überwacht zu werden bzw. in ihrem Empfinden, ob sie sich
übermäßig überwacht fühlen, unterschiedlich sind.[16] Wenn also z. B. einer
Videoüberwachung des öffentlichen Raums mit oder ohne ULS Argumente
wie sogenannte „Chilling Effects" entgegengehalten werden bzw. die Diskussion aufgeworfen wird, ob eventuelle generelle Einschüchterungswirkungen auf
die Gesamtgesellschaft zur Rechtswidrigkeit einer einzelnen Maßnahme führen
sollten, ergibt sich das Problem, dass derartige Auswirkungen oft durch die ver-
antwortliche Stelle im Einzelfall nicht ohne Weiteres und schon gar nicht ad
hoc, festgestellt werden können.[17] So erscheint beispielsweise eine einmalige
Befragung der Bürger*innen einer Stadt vor Installation einer polizeilichen Videoüberwachung an einer bestimmten Straße wenig sinnvoll, da sich das Empfinden
der Betroffenen jederzeit verändern bzw. von zahlreichen Aspekten beeinflusst

---

[14] Vgl. z. B. zur Zweckbindung/-änderung: BVerfG, Urteil v. 20.04.2016, 1 BvR 966/09, 1
BvR 1140/09, BeckRS 2016, 44821.

[15] Vgl. Petri in: Möstl/Schwabenbauer, BeckOK Polizei- und Sicherheitsrecht Bayern, Art.
31 BayPAG, Rn. 36.

[16] Vgl. Assion, Überwachung und Chilling Effects, S. 34.

[17] Vgl. ebd., S. 31, 33.

werden kann.[18] Nach Assion kennzeichnen sich Chilling Effects dadurch, dass *„staatliches Handeln – meist mit Breitenwirkung – die Bürger davon abhält, von ihren Grundrechten Gebrauch zu machen"*[19]. Sollte nach Einrichtung der Videoüberwachung bekannt werden, dass ein Verbrechen mittels der Videoaufzeichnungen aufgeklärt werden konnte oder sich – umgekehrt – herausstellen, dass das betroffene Viertel gleichzeitig mit weiteren Überwachungskameras durch andere private oder öffentliche Stellen ausgestattet wird, könnte sich dies erheblich auf die Akzeptanz der Befragten auswirken. Von großer Bedeutung dürfte bei etwaigen Befragungen auch sein, ob die Betroffenen selbst Anwohner*innen des entsprechenden Gebietes, Angehörige bestimmter Gruppen, wie z. B. Journalist*innen, oder lediglich auf der Durchreise sind.[20] Selbst wenn durch eine Langzeitstudie mit regelmäßiger Wiederholung der Befragung wenigstens eine Tendenz der subjektiven Haltung der betroffenen Bürger*innen festgestellt werden könnte, müsste in einem weiteren Schritt erforscht werden, ob das jeweilige Empfinden der Betroffenen bezüglich der Videoüberwachung diese tatsächlich in deren Verhalten negativ beeinflusst hat.[21]

Soweit vertreten wird, dass potentielle Einschüchterung bzw. Chilling Effects tatsächlich gezielt durch staatliche Institutionen eingesetzt werden, dürfte sich an irgendeinem Punkt auch die Frage stellen, ob hierdurch nicht zunächst das gegenseitige Verhältnis zwischen Bürger*innen und Staat in Gänze sowie schließlich auch das Potential einer Gesellschaft sich weiterzuentwickeln negativ beeinflusst wird.[22] Im Jahr 2021 wurde durch mehrere bayerische Abgeordnete vergeblich beantragt, eine unabhängige, externe Stelle damit zu beauftragen, das BayPAG in seiner damaligen Fassung dahingehend zu untersuchen, ob dieses – bei Erstellung einer „Überwachungsgesamtrechnung" – als verfassungsrechtlich vertretbar zu bewerten sei oder ob Verbesserungsbedarf bestehe.[23] *„Schließlich sind Maßnahmen auf dem Gebiet der Videoüberwachung auch vor dem Hintergrund der sog. Überwachungsgesamtrechnung des BVerfG […] kritisch zu hinterfragen. […] Im Interesse der menschenwürdigen Ausgestaltung des Polizeirechts [Hervorhebung*

---

[18] Vgl. ebd., S. 36 f.

[19] Ebd., S. 38.

[20] Vgl. Assion, Überwachung und Chilling Effects., S. 70 f.

[21] Vgl. ebd., S. 34 f.

[22] Vgl. ebd., S. 36, 45 f.

[23] Vgl. LT-Drs. Bayern 18/16229, Antrag „Überwachungsgesamtrechnung für Bayern vorlegen", S. 1; Vgl. LT-Drs. Bayern 18/17380, Beschluss des Bayerischen Landtags, S. 1.

i. O.] *sind Vorkehrungen zu treffen, die der Gefahr der Erfassung der vollstän-
digen Persönlichkeit der Bürger wirksam entgegenwirken.*"[24] Der Gesetzgeber
müsse hierzu die Summe aller anlasslosen Grundrechtseingriffe zu Lasten der
Bürger*innen durch die Polizei erheben, prüfen und eine Überwachungsgesamtrechnung erstellen.[25] Trotz der guten Absichten, welche dem Antrag sicherlich
zugrunde lagen, muss doch die Frage aufgeworfen werden, wie sinnvoll ein
derartiges Forschungsprojekt – beschränkt auf die Betrachtung des BayPAG –
tatsächlich gewesen wäre. Neben dem BayPAG gibt es auch andere Gesetze, wie
etwa die StPO oder das Gesetz über das Bundeskriminalamt und die Zusam-
menarbeit des Bundes und der Länder in kriminalpolizeilichen Angelegenheiten
(Bundeskriminalamtsgesetz, BKAG), die staatliche Überwachungsmaßnahmen
ermöglichen. Zudem wäre der Einfluss der Überwachung durch private Institutionen, z. B. Videokameras in Supermärkten oder Restaurants, oder Analysen
des Kaufverhaltens im Internet, was sich unter Umständen ebenfalls negativ auf
das Gesamtempfinden der Bürger*innen auswirken kann, zu klären gewesen.[26]
Zusammenfassend ist daher festzuhalten, dass die eine Lösung für die Erstellung einer „Überwachungsgesamtrechnung" sowie eine definitive Bestimmung
konkreter Folgen alleine staatlicher Überwachung der Gesellschaft (z. B. Chilling Effects) bislang nicht existieren, sondern lediglich unbestimmte, schwer zu
fassende abstrakte Ansätze, welche zum jetzigen Zeitpunkt nicht ohne Weiteres
in gesetzgeberische Planungen in einzelnen Bundesländern einfließen können.[27]
Auch dürfte es – selbst bei umfassender wissenschaftlicher Aufarbeitung – schwer
werden, derart konkrete Anforderungen zu formulieren, damit im Gesetzgebungs-
prozess ohne Weiteres erkannt werden kann, ob bereits ein Verzicht auf einen
weiteren Richtervorbehalt oder eine Benachrichtigungspflicht bei einer einzelnen präventivpolizeilichen Maßnahme zu einem negativen Gesamtergebnis einer
etwaigen globalen Überwachungsgesamtrechnung führen kann. Ebenso erscheint
eine isolierte Erforschung und Betrachtung lediglich unmittelbar staatlicher Maßnahmen und der damit potentiell einhergehenden Einschüchterungswirkungen
nicht als zielführend, da der Staat als Gesetzgeber in der Regel auch die Rahmenbedingungen schafft, welche die Überwachung der Bürger*innen durch private
Akteure und Unternehmen ermöglichen.[28]

---

[24] Albrecht/Seidl, Möstl/Weiner, BeckOK Polizei- und Ordnungsrecht Niedersachsen, § 32
NPOG, Rn. 30.

[25] Vgl. ebd., § 32 NPOG, Rn. 30.

[26] Vgl. Assion, Überwachung und Chilling Effects, S. 52 f.

[27] Vgl. ebd., S. 48, 51.

[28] Wohl andere Ansicht: Vgl. Assion, Überwachung und Chilling Effects, S. 53 f.

Es wäre daher beispielsweise denkbar, dass private Veranstalter*innen eines Fußballspiels oder einer Großveranstaltung mittels ULS hochauflösende Bildaufnahmen und -aufzeichnungen anfertigen und damit die betreffende Veranstaltung sowie deren Besucher*innen mittels Live-Stream im Fernsehen oder im Internet zeigen dürfen, während eingesetzten Polizeikräften die Nutzung von ULS auf dem betreffenden Gelände rechtlich nicht möglich ist. Auch ohne polizeiliche Videoüberwachungsmaßnahmen könnten sich die Besucher*innen dann trotzdem aufgrund der privaten ULS überwacht und unwohl fühlen, was wiederum eventuell auch deren Verhalten gegenüber den vor Ort befindlichen Polizeikräften beeinflussen könnte. Moderne Technologien dürften die Wechselwirkung zwischen innerstaatlicher und privater bzw. von außerhalb gesteuerter Überwachung noch mehr beeinflussen, falls etwa zu befürchten ist, dass private Unternehmen beispielsweise die gesamten Lebensgewohnheiten der Bürger*innen mittels Künstlicher Intelligenz auswerten, mittels Gesichtserkennung in sozialen Netzwerken Bewegungsprofile und Sozialkontakte analysieren und diese Informationen gegebenenfalls unkontrolliert anderen Staaten zugänglich machen. Auch die abstrakte Sorge der Bürger*innen, die Polizei könne theoretisch auf alle personenbezogenen Daten zugreifen, welche sie anderen, z. B. privaten Stellen zur Verfügung gestellt haben, könnte ebenso Chilling Effects auslösen.

Zusammenfassend müsste eine wirklich aussagekräftige Überwachungsgesamtrechnung daher die gesamten Lebensverhältnisse einer Gesellschaft einbeziehen und bestenfalls konkrete Leitlinien ermöglichen, an welchen sich alle staatlichen und nicht-staatlichen Akteure bis hin zu den Polizeibehörden einzelner Bundesländer orientieren können. Erforderlich wäre zudem ein effektiver Dialog zwischen allen beteiligten Institutionen und Akteuren, um Datenerhebungs- bzw. Überwachungsmaßnahmen sinnvoll zu koordinieren, zu evaluieren sowie gegenseitige Wechselwirkungen zu untersuchen.

4.3 Verhältnis von Mensch und Maschine

„Wenn heute von „neuen Technologien" der Gefahrerkennung die Rede ist, geht es primär um digitale Systeme, die Erkennungsprozesse zunehmend vollständig automatisieren sollen: Von der Erfassung der sog. Input-Daten über deren Verarbeitung bis hin zum Output einer möglichst konkreten Gefahrenmeldung soll „der Computer" automatisiert arbeiten und menschliches Handeln Schritt für Schritt

ersetzen."[29] Gerade mit den wachsenden technologischen Möglichkeiten und der steigenden Bedeutung der Künstlichen Intelligenz wird sich die Polizei – genauso wie andere staatliche Akteure – mit grundlegenden, auch ethischen Fragestellungen beschäftigen müssen, welche die jeweilige Rechtslage unter Umständen nicht zufriedenstellend beantworten kann bzw. deren Klärung gegebenenfalls sogar die Grundvoraussetzung für die Weiterentwicklung oder Schaffung entsprechender rechtlicher Bestimmungen ist.[30] *„Befugnis und Verpflichtung zur Selbstbehauptung sind ein grundlegender Teil der Existenzberechtigung des Staates. [...] Das heißt keineswegs, dass die legitime Selbstbehauptung des Staates von allen Fesseln und Regeln befreit ist. Ethik stellt positive Leitwerte auf für das Verhalten von Beteiligten und negative Grenzlinien für das Verhalten, die nicht überschritten werden sollen.*"[31] Insbesondere stellt sich hier die Frage, wie und welche Handlungs- bzw. Entscheidungsspielräume und -grenzen man der Technik überlassen kann bzw. sollte.[32] Beispielsweise wurden anlässlich des Pilotprojekts in Berlin zur Verwendung intelligenter Videoüberwachung mit Gesichtserkennungstechnologie Befürchtungen geäußert, dass derartige Systeme gegebenenfalls fälschlich Personen als relevant bewerten könnten und solche Fehler Konsequenzen für die Effektivität polizeilicher Arbeit sowie die betroffenen Personen nach sich ziehen könnten.[33] Nach den Überlegungen eines Autors bedarf es der Auseinandersetzung mit der *„Wahrnehmung des Menschen über sich selbst, die sich im Spiegel der Maschinen wandelt, [...]* [dem] *Verhältnis des Menschen zu den Maschinen, sich entwickelnde[n] Erwartungen und Wahrnehmungen des Menschen und seine sich im Takt mit der technologischen Innovation dynamisch ändernden Maßstäbe[n]*"[34]. Je mehr Kontrolle der Mensch an Technologien abgibt, desto wichtiger wird zudem die Diskussion und Festlegung von Verantwortlichkeiten bei Fehlentscheidungen, vor allem, wenn diese negative Konsequenzen für Bürger*innen haben sollten.[35] Sobald maschinelle Prozesse – gerade bei selbstlernenden Systemen – für die Anwender*innen nicht mehr vollumfänglich überblickbar, überprüfbar und

---

[29] Rademacher/Perkowski, Staatliche Überwachung, neue Technologien und die Grundrechte, S. 714.

[30] Vgl. Stehr, Unbemannte Systeme und Cyber-Operationen, S. 136.

[31] Ebd., S. 137.

[32] Vgl. Stehr, Unbemannte Systeme und Cyber-Operationen, S. 64.

[33] Vgl. Schindler, Noch einmal: Pilotprojekt zur intelligenten Videoüberwachung am Bahnhof Berlin Südkreuz.

[34] Stehr, Unbemannte Systeme und Cyber-Operationen, S. 63.

[35] Vgl. Stehr, Unbemannte Systeme und Cyber-Operationen, S. 64 f., 109, 120; Vgl. Biermann/Wiegold, Drohnen, S. 193.

nachvollziehbar gestaltet sind, wird die Frage nach der Verantwortung definitiv schwieriger, selbst, wenn die jeweilige wesentliche Entscheidung noch durch einen Menschen getroffen wird.[36] Je komplexer und effizienter die Technologie, desto größer wird gegebenenfalls auch die Gefahr, dass Anwender*innen sich zunehmend – ohne deren Produkte zu hinterfragen – auf automatisierte Prozesse verlassen. Die Thematik eröffnet damit langfristig ein breites Problemfeld dahingehend, wie viel „Schuld" im Einzelfall einerseits die Entwickler*innen tragen, die technische Fehler übersehen haben, andererseits die Vorgesetzten, die Anwender*innen nicht hinreichend geschult und überwacht, oder nicht zuletzt die Anwender*innen selbst, die z. B. aus Bequemlichkeit eine Überprüfung unterlassen und fälschlich eine Maßnahme gegen eine unbeteiligte Person angeordnet haben.[37]

Besonders bedeutsam für weitere technische Entwicklungen, insbesondere bei „intelligenten" bzw. „autonom" agierenden Systemen, ist auch die Fragestellung, inwiefern der Mensch bzw. die Institution Polizei überhaupt in der Lage ist, eine Maschine „objektiv" zu trainieren. *„Die Polizei ist nicht nur Produkt der gesellschaftlichen Bedingungen, in denen sie agiert, sondern stellt diese auch selbst her. […] Dies gilt nicht nur, weil sie die rechtlichen Vorgaben in einer spezifischen Weise umsetzt. Vielmehr verfügt sie auch unabhängig von der Rechtsanwendung über eine von der Polizeiforschung schon im 20. Jahrhundert herausgearbeitete Definitionsmacht […].*[38] Als Beleg hierfür wird in der Literatur angeführt, dass beispielsweise die Einrichtung neuer spezialisierter Abteilungen für bestimmte Phänomenbereiche bzw. die Intensivierung der Bekämpfung bestimmter Deliktsbereiche sowie verstärkte Polizeipräsenz in einzelnen Stadtteilen – schlichtweg durch Aufhellung des Dunkelfeldes – das Kriminalitätsaufkommen bzw. die öffentliche Wahrnehmung von Kriminalität beeinflusse.[39] Auch wird die These vertreten, die Polizei stelle *„bestehende gesellschaftliche Ungleichheitsverhältnisse aktiv her […] [, da] Menschen aus sozial benachteiligten Schichten […] häufiger als Tatverdächtige festgestellt"*[40] würden. Die Polizei sei *„in ihrer praktischen Arbeit […] von […] strukturellen Ungleichheiten und gesellschaftlichen*

---

[36] Vgl. BVerfG, Urteil v. 16.02.2023, 1 BvR 1547/19, 1 BvR 2634/20, Rn. 100.

[37] Überlegungen zu Haftung, Verschulden und Verantwortung bei (autonomen) KI-Systemen: Vgl. z. B. Busche, Einführung in die Rechtsfragen der künstlichen Intelligenz, S. 445.

[38] Derin/Singelstein, Die Polizei, Helfer, Gegner, Staatsgewalt, S. 53.

[39] Vgl. ebd., S. 54, 57 f.

[40] Ebd., S. 55.

Konflikten bestimmt"[41], was beispielsweise durch entsprechende Berichterstattungen zu sogenanntem „Racial Profiling" sowie zu extremen oder rassistischen Einstellungen bei Polizeibeschäftigten zum Ausdruck komme.[42] Ohne diese Ausführungen inhaltlich näher zu bewerten, ist festzuhalten, dass in jedem Fall tatsächlich von vornherein geklärt werden müsste, wie beim Training von Algorithmen verfahren wird, wenn bestimmte Bevölkerungsgruppen (z. B. Frauen, Kinder, ältere Menschen, Menschen in bestimmten Vierteln) oder einzelne Kriminalitätsphänomene in den Trainingsdaten unter- oder überrepräsentiert wären. So wäre beispielsweise ein intelligentes Kamerasystem, das nicht in der Lage ist, weibliche Tatverdächtige oder auch Täter*innen mit bestimmten körperlichen Merkmalen als solche festzustellen bzw. diese aufgrund der wenigen Trainingsdaten mittels Wahrscheinlichkeitsberechnung ausscheidet, wenig zielführend und nicht dazu geeignet, der Bevölkerung das erforderliche Vertrauen in die Zuverlässigkeit der Funktionsweise zu vermitteln.[43] Sofern man davon ausgeht, dass polizeiliche Daten und somit potentielle Trainingsdaten zu einem gewissen Teil infolge besonderer Schwerpunktsetzung oder Selektion (z. B. Racial Profiling) gewonnen wurden oder hierdurch geprägt sind, wird die Polizei – im eigenen Interesse – ebenfalls für sich klären müssen, wie sie sich zu derartigen potentiellen Selektionsprozessen positioniert bzw. ob sie Maßnahmen ergreifen kann, um sich beispielsweise dem Vorwurf zu erwehren, durch die Nutzung bestimmter Datensätze eine Perpetuierung struktureller Diskriminierung bestimmter Bevölkerungsgruppen in automatisierten Systemen in Kauf zu nehmen.[44] Zugleich ist nämlich eine automatisierte Datenverarbeitung *„umso eingriffsintensiver,* […] *je höher die Fehler- und Diskriminierungsanfälligkeit ist und je schwerer die softwaregestützten Verknüpfungen nachvollzogen werden können*"[45].

Auch stellt sich die Frage, ob die Möglichkeit besteht, dass die Personen bzw. Polizeibeamt*innen, die ein intelligentes System programmieren, trainieren oder letztlich dann im Echteinsatz nutzen, gegebenenfalls durch ihre eigene Einstellung bzw. eigene Priorisierungen unbewusst den Lernprozess und so letztlich

---

[41] Ebd., S. 56.

[42] Vgl. ebd., S. 57, 59 f.

[43] Vgl. Dobler, Mensch und Maschine, S. 33; Vgl. Ittstein, Künstliche Intelligenz – eine Standortbestimmung, S. 44.

[44] Vgl. Dobler, Mensch und Maschine, S. 35; Vgl. BVerfG, Urteil v. 16.02.2023, 1 BvR 1547/19, 1 BvR 2634/20, Rn. 77; Vgl. LT-Drs. Bayern 18/30603, Schwerpunktsetzung und Datenerhebung durch die Bayerische Polizei, S. 2 f.; Vgl. Lauscher/Legner, Künstliche Intelligenz und Diskriminierung, S. 368, 371.

[45] BVerfG, Urteil v. 16.02.2023, 1 BvR 1547/19, 1 BvR 2634/20, Rn. 90.

die Entscheidungsfindung des automatisierten Verfahrens beeinflussen könnten.[46]
Ohne eine Klärung dieser Fragestellungen besteht darüber hinaus die Gefahr, dass
sich – wenn „etablierte" intelligente Systeme z. B. als Baustein einer Weiter-
oder Neuentwicklung herangezogen werden – „Fehlprägungen" eines Systems
unbemerkt potenzieren, verselbständigen oder durch einen besonders großflä-
chigen Einsatz, z. B. bei Drohnenschwärmen[47], unter Umständen besonders
weitreichende Konsequenzen nach sich ziehen. *„Maschinelles Lernen ist [...] ein
wichtiges Stichwort, denn dadurch können selbstlernende Systeme gewisse Muster
ausmachen und (wieder-)erkennen. Es ist daher unerlässlich, eine „Befangenheit"
des Systems zu vermeiden, d. h. sowohl bei der Programmierung des Algorithmus,
als auch bei der Erstellung einer Datenbank zu Übungszwecken darauf geachtet
werden muss, dass keine systematischen Fehler sich durch das maschinelle Lernen
perpetuieren und verstärken. Die Daten mit denen das System „gefüttert" wird,
sind der Dreh- und Angelpunkt der Befangenheitsproblematik. Fehler tauchen u. a.
auf, wenn auf von Dritten erstellte Datenbanken zurückgegriffen wird, wo z. B. ein
Geschlecht oder eine Hautfarbe über- oder unterrepräsentiert ist."*[48] Des Weiteren stellt sich die Frage, ob und wie neben der Heranziehung bereits bei der
Polizei vorliegender Daten, auch die Erhebung neuer Daten zum Trainieren eines
automatisierten Systems angestrebt werden soll, z. B. durch Nutzung öffentlich
zugänglicher Daten im Internet bzw. in sozialen Netzwerken. Als besonders ris-
kant könnte es sich darstellen, wenn einer neuen Technologie gestattet wird,
ihren Lernprozess durch ein unkontrolliertes „Absaugen" öffentlich zugänglicher Daten zu gestalten.[49] Ebenso klärungsbedürftig ist, ob während oder nach
Abschluss des Trainingsprozesses eine Anonymisierung oder Löschung der Trainingsdaten aus der Anwendung möglich ist. Falls nicht, könnte sich die Polizei
auf diese Weise über den Umweg der Forschung umfangreiche Datenbestände
verschaffen und polizeilich weiterverarbeiten, deren Erhebung unter Umständen mit den üblichen präventivpolizeilichen Rechtsgrundlagen, wie z. B. der
Datenerhebungsgeneralklausel (Art. 32 BayPAG), nicht möglich gewesen wäre.

Bei all diesen Bedenken darf nicht außer Acht gelassen werden, dass
die begleitende Erforschung und Erprobung von Algorithmen ein essentieller
Bestandteil einer professionellen Implementierung von sogenannter Künstlicher

---

[46] Vgl. Lauscher/Legner, Künstliche Intelligenz und Diskriminierung, S. 372.
[47] Vgl. beispielhaft: Biermann/Wiegold, Drohnen, S. 188 f.
[48] Heldt, Gesichtserkennung: Schlüssel oder Spitzel?, S. 286.
[49] Vgl. Dobler, Mensch und Maschine, S. 32; Vgl. Lauscher/Legner, Künstliche Intelligenz
und Diskriminierung, S. 373.

Intelligenz, insbesondere im Zusammenhang mit der Anfertigung und Auswertung von Bildaufnahmen und -aufzeichnungen, ist bzw. sein wird. Die Heranziehung von bereits vorliegenden polizeilichen Daten oder die Erhebung öffentlich zugänglicher Informationen für die Forschung ist außerdem bereits jetzt durch rechtliche Vorgaben begrenzt bzw. unterliegt einer Einzelfallabwägung. Art. 54 Abs. 4 S. 3, S. 4 BayPAG erlaubt die Weiterverarbeitung personenbezogener Daten durch die Bayerische Polizei zu wissenschaftlichen Zwecken, soweit eine Verwendung anonymisierter oder pseudonymisierter Daten nicht möglich ist und das öffentliche Interesse das schutzwürdige Interesse des Betroffenen erheblich überwiegt. Ausgenommen sind – gerade mit Blick auf ULS – personenbezogene Daten, die mittels Maßnahmen nach Art. 47 Abs. 1 Nr. 3, Nr. 5, 41 Abs. 1 S. 1 sowie Art. 45 Abs. 1 und 2 erhoben wurden. Des Weiteren wird zumindest die französische Datenschutzbehörde CNIL (Commission Nationale de l'Informatique et des Libertés) wie folgt zitiert: *„Die CNIL bestätigt grundsätzlich die Kompatibilität der KI-Forschung […] mit der DS-GVO, sofern bestimmte rote Linien nicht überschritten […] werden […]. Der Grundsatz der Speicherbegrenzung steht einer längeren Aufbewahrung von Trainingsdatensätzen nicht entgegen, wenn dies aufgrund erheblicher wissenschaftlicher und finanzieller Investitionen erforderlich ist und wenn diese Datensätze von der Gemeinschaft genutzt werden […]."*[50] Auch sei *„die Wiederverwendung von Datensätzen, insbesondere von öffentlich zugänglichen Daten im Internet, für das Training von KI-Systemen möglich […], sofern die Daten nicht auf offensichtlich unrechtmäßige Weise erhoben wurden und der Zweck der Wiederverwendung mit dem der ursprünglichen Erhebung vereinbar ist"*[51]. Angesichts des steigenden Schutzbedürfnisses potentieller Trainingsdaten im Zusammenhang mit KI wäre allerdings die Schaffung einer konkreteren Rechtsgrundlage für Forschungszwecke angezeigt, um insbesondere dem Grundsatz der Zweckbindung sowie den Betroffenenrechten ausreichend Rechnung zu tragen sowie u. a. die Frage des Umgangs mit bzw. des Verbleibs der Trainingsdaten z. B. in einer fertiggestellten Anwendung zu beantworten.

All diese Herausforderungen können an sich das Potential beinhalten, der Polizei als Institution in nie dagewesener Form die Beschäftigung mit Fragestellungen, wie zum Beispiel auch dem Umgang mit Fehlern und Fehlerkultur aufzuerlegen. Folgt man der These eines Autors, so wirken sich die der Institution Polizei immanenten Faktoren, wie eine hohe Zahl an Vorschriften, negativ

---

[50] ZD-Aktuell, CNIL veröffentlicht Leitlinie zum Datenschutz bei KI-Entwicklung und -Forschung.

[51] ZD-Aktuell, CNIL veröffentlicht Leitlinie zum Datenschutz bei KI-Entwicklung und -Forschung.

auf die Bereitschaft zur Auseinandersetzung mit Fehlern aus.[52] Wie oben dargestellt, wird die Dichte gesetzlicher und datenschutzrechtlicher Regelungen im Bereich moderner Technologien – nicht zuletzt mit Inkrafttreten der KI-Verordnung – perspektivisch nicht ab-, sondern eher noch zunehmen.[53] Da beispielsweise in Bayern gemäß Art. 47 Abs. 1 S. 1, Art. 35 Abs. 1 S. 2 Beamtenstatusgesetz (BeamtStG) i. V. m. Art. 2 Abs. 1 Nr. 1 Bayerisches Disziplinargesetz (BayDG) prinzipiell jede Verletzung einer dienstlichen Pflicht oder Richtlinie jedenfalls theoretisch zu disziplinarrechtlichen Konsequenzen führen kann, besteht die Gefahr, dass Polizeibeschäftigte mit wachender Komplexität der Rechtslage zunehmend von der Entwicklung oder Erprobung moderner Technologien abgeschreckt werden könnten. Eine mangelnde Befassung mit modernen Technologien führt dann aber auch dazu, dass potentielle Risiken und Schwachstellen unter Umständen gerade nicht zuverlässig erkannt und beseitigt werden können. Des Weiteren ist es auch keine Lösung, das Thema Forschung und Entwicklung aufgrund der damit verbundenen Problemstellungen in Gänze zu vermeiden und z. B. ausschließlich auf fertige Softwarelösungen von Drittanbieter*innen zurückzugreifen, was zum einen eine dauerhafte Abhängigkeit begründen könnte. Muss die Polizei mangels eigener geeigneter Mittel etwa auf Technik nicht-öffentlichen, außereuropäischen Ursprungs zurückgreifen, ist zum anderen bereits jetzt in der Diskussion festzustellen, dass mangelndes Vertrauen der Öffentlichkeit in den Ursprung einer Technologie jede Debatte über deren Nutzen zu überlagern scheint.[54] Unter Abwägung all dieser Faktoren muss – nicht nur die Bayerische – Polizei früher oder später auch eine grundlegende strategische Entscheidung treffen, ob Investitionen in – möglicherweise gefahrbehaftete – schnell verfügbare Fremdtechnologien oder vielmehr Investitionen in die eigene digitale Unabhängigkeit sowie eigenes, qualifiziertes Fach- und Forschungspersonal bevorzugt werden sollten.[55]

---

[52] Vgl. Seidensticker, Zur Notwendigkeit von Polizeiforschung: Theorie und Praxis polizeilicher Fehlerkultur, S. 65.

[53] Vgl. Müller-ter Jung/Rexin, Datenschutz beim polizeilichen Drohneneinsatz, S. 651, Rn. 68.

[54] Beispielhaft: Vgl. Zierer/Harlan/Kartheuser/Schöffel, Bund kippt Palantir-Software: Bayern steht fast alleine da; Vgl. LT-Drs. Bayern 18/27448, Einsatz chinesischer Drohnen bei der bayerischen Polizei, S. 1; Vgl. Weichert, Drohnen und Datenschutz, Bedrohungspotenzial und Gesetzgebungsbedarf bei der Beobachtung von oben, S. 504.

[55] Vgl. BVerfG, Urteil v. 16.02.2023, 1 BvR 1547/19, 1 BvR 2634/20, Rn. 100.

Fazit 5

Jegliche Videotechnik, die Bildaufnahmen und -aufzeichnungen ermöglicht, ist für die Polizei ein unverzichtbares Einsatzmittel. Dabei kann gerade der Rückgriff auf ULS Defizite der vorhandenen Ausrüstung kompensieren und Polizeiarbeit schneller, effektiver und wirtschaftlicher gestalten. Der Einsatz von ULS zur Anfertigung von Bildaufnahmen und -aufzeichnungen ist aufgrund der gesetzlichen Regelung im präventivpolizeilichen Bereich für die Bayerische Polizei grundsätzlich möglich.[1] Klärungsbedürftige Fragestellungen verbleiben nach gegenwärtigem Stand im Kontext von Versammlungen sowie vor allem beim mobilen ULS-Einsatz in bewohnten Gebieten.

Dabei führen polizei- und datenschutzrechtliche Vorgaben (z. B. Erkennbarkeit), das Erfordernis der Beachtung verschiedener Grundrechte (z. B. Art. 13 GG) sowie entsprechende Rechtsprechung dazu, dass die Heranziehung von ULS in manchen Einsatzsituationen zudem erheblich aufwändiger ist als in anderen. Der Vergleich mit anderen Bundesländern zeigte heterogene Regelungslagen auf, welche unter Umständen nicht dazu beitragen werden, dass das Einsatzmittel bundesweit einheitlich verwendet werden kann.

Aufgrund der vielen Einsatz-Möglichkeiten für ULS im Rahmen polizeilicher Videoüberwachungsmaßnahmen, aber auch im Hinblick auf die damit verbundenen potentiell erheblichen Grundrechtseingriffe und Gefahren für Betroffenenrechte, ist ein sensibler Umgang unter Berücksichtigung aktueller empirischer kriminal- und polizeiwissenschaftlicher Aspekte sowie eine hinreichende Transparenz seitens der Polizeibehörden von essentieller Bedeutung. *„Der maßvolle Einsatz von Drohnentechnologie stellt eine sinnvolle Ergänzung des polizeilichen Instrumentariums dar. Insbesondere der Aspekt der Eigensicherung verdient*

---

[1] Vgl. Buckler, (Verfassungs-)Rechtliche Rahmenbedingungen für den polizeilichen Einsatz sog. „Drohnen", S. 28.

J. Rippl, *Die Polizei und ihre Unterstützung aus der Luft*, BestMasters, https://doi.org/10.1007/978-3-658-46422-6_5

Beachtung. [...] *Das darf auf der anderen Seite nicht dazu führen, ein „fliegendes Auge" im Sinne einer polizeilichen Totalüberwachung inklusive eines automatischen Abgleichs mit polizeilichen wie privaten Datenbanksystemen zu installieren. Eine anlass- bzw. verdachtslose Videoüberwachung ist auf dem Boden des Grundgesetzes nicht denkbar. Sie wird auch durch die geltenden Befugnisnormen des Polizei- und Strafprozessrechts ausgeschlossen."*[2] Dieser Aussage aus dem Jahr 2014 kann auch heute noch – mit Blick auf die derzeitige Rechtslage sowie die obigen Ausführungen hierzu – jedenfalls bezüglich „klassischer" Videoüberwachung mittels ULS grundsätzlich zugestimmt werden. Im Bereich moderner visueller Überwachungs-Technologien, insbesondere personenbezogener Gesichts- und Verhaltens(muster)erkennung, fehlt es bislang an nennenswerten rechtlichen Befugnissen für die Bayerische Polizei. Vorhandene Bestimmungen zur Forschung und Entwicklung sind großteils recht allgemein formuliert, sodass zu hinterfragen ist, ob diese gerade hinsichtlich Künstlicher Intelligenz bzw. intelligenter Videoüberwachung hinreichend bestimmt sind bzw. Betroffenenrechte ausreichend berücksichtigen. Demzufolge sind Rechts- und Handlungsunsicherheiten für die Polizei auf der einen Seite sowie Risiken für Bürger*innen auf der anderen Seite aktuell nicht von der Hand zu weisen. Spätestens mit dem baldigen Inkrafttreten der KI-Verordnung sollte der Bayerische Gesetzgeber das Polizeiaufgabengesetz mit Blick auf intelligente Technologien evaluieren und gegebenenfalls novellieren. Dieser Prozess sollte genutzt werden, um auch den oben geäußerten Bedenken, insbesondere hinsichtlich Fehlerkultur und Diskriminierungsanfälligkeit, z. B. durch die Hinzuziehung von technischer, aber auch kriminologischer Expertise, Rechnung zu tragen.[3]

Mit dem Zuwachs an automatisierter Datenverarbeitung und Algorithmen, die Polizeibeschäftigte im Rahmen ihrer täglichen Arbeit nutzen, entstehen sowohl große Potentiale als auch klärungsbedürftige Fragestellungen.[4] So wird es beispielsweise aus Sicht der handelnden Polizeibeschäftigten essentiell sein, dass klar definierte Verantwortlichkeiten und Qualitätssicherungsmechanismen etabliert werden, damit etwaige neue Technologien auch in Akut-Fällen handlungs- und rechtssicher verwendet werden können. Eine große Herausforderung wird dabei die Implementierung lernfähiger KI darstellen. Wie zuvor dargestellt, werden Wege gefunden werden müssen, um Algorithmen anhand qualitätsgesicherter

---

[2] Zöller/Ihwas, Rechtliche Rahmenbedingungen des polizeilichen Flugdrohneneinsatzes, S. 414.

[3] Vgl. Kniesel, Kriminalitätsbekämpfung durch Polizeirecht, S. 75.

[4] Vgl. Hornung/Schindler, Das biometrische Auge der Polizei, S. 209.

Datensätze zu trainieren, Fehlentscheidungen der KI mit negativen Auswirkungen für Bürger*innen zu vermeiden und zugleich Vorwürfen, wie mit Hilfe der KI etwaige strukturelle Probleme oder Diskriminierungen durch die Polizei zu manifestieren und zu perpetuieren, substantiiert entgegentreten zu können.[5] Allen Risiken zum Trotz sollte moderne, intelligente Technologie als Chance begriffen werden, die die Polizeiarbeit auch im Interesse der Bürger*innen und zu deren Schutz positiv beeinflussen könnte. So könnte z. B. gerade im Bereich der Videoüberwachung öffentlicher Bereiche – auch mittels ULS – die automatisierte Erkennung und Verpixelung nicht relevanter bzw. unbeteiligter Personen oder schützenswerter Bereiche, wie etwa Häuserfassaden, einen erheblichen datenschutzrechtlichen Mehrwert erzielen.[6] Durch derartige Maßnahmen könnten die Streubreite und damit Eingriffstiefe polizeilicher Maßnahmen erheblich reduziert und damit auch verfassungsrechtlichen Anforderungen Rechnung getragen werden. Beim Einsatz von ULS im Innenstadtbereich könnten so unnötige bzw. unbeabsichtigte Eingriffe in Art. 13 GG vermieden und Polizeibeschäftigten so die Handhabung des Einsatzmittels erleichtert werden. Durch eine begleitende, auf Transparenz angelegte polizeiliche Öffentlichkeitsarbeit könnte zudem das Vertrauen der Öffentlichkeit in einen verantwortungsbewussten Umgang mit modernen Technologien gestärkt werden. Auch die Ausführungen des deutschen Bundesbeauftragten für den Datenschutz und die Informationsfreiheit von 2022 zum Einsatz von KI im Bereich der Strafverfolgung und Gefahrenabwehr scheinen mit vorgenannten Überlegungen in Einklang zu stehen: *„KI erfordert eine ausführliche empirische Bestandsaufnahme und eine umfassende gesellschaftspolitische Diskussion, um einerseits die Auswirkungen dieser Technologie auf die Freiheiten der Bürgerinnen und Bürger zu klären und andererseits die Erforderlichkeit ihres Einsatzes zu Strafverfolgungs- und Gefahrenabwehrzwecken festzustellen. [...] Diskriminierungen und überindividuelle Folgen sowohl für bestimmte Personengruppen als auch für demokratische und rechtsstaatliche Abläufe [...] sind wirksam auszuschließen. Der Gesetzgeber ist gehalten, alle derzeit existierenden Befugnisse der Strafverfolgungs- und Gefahrenabwehrbehörden in eine Gesamtrechnung einzubeziehen („Überwachungs-Gesamtrechnung"). [...] Das gilt besonders für künstliche Intelligenz [...]. [...] Maschinen oder Algorithmen, die entscheiden, ob jemand als Verdächtiger gilt oder nicht, sind technisch realisierbar. Wenn die Daten [...] zu einem falschen Verdacht führen, kann dies das Leben eines Menschen in seinem sozialen Gefüge nachhaltig verändern oder*

---

[5] Vgl. Lauscher/Legner, Künstliche Intelligenz und Diskriminierung, S. 371.

[6] Vgl. Müller-ter Jung/Rexin, Datenschutz beim polizeilichen Drohneneinsatz, S. 653, Rn. 88, 90.

sogar zerstören. Daher sollten Gesetzgebungsaktivitäten immer von einer in Ruhe durchgeführten, ergebnisoffenen und sorgfältigen politischen und gesellschaftlichen Diskussion begleitet sein."[7]
Letztlich werden sich die Polizei als Institution, der Gesetzgeber und auch die Gesellschaft als solche mit der Frage befassen müssen, ob und falls ja, welche Grenzen angesichts immer umfassenderer technischer Möglichkeiten einerseits gesetzt bzw. welche Befugnisse der Polizei andererseits eingeräumt werden können bzw. sollten. Da außerdem die Notwendigkeit europäischer Einigungen, wie z. B. bei grenzüberschreitender Kriminalität oder der KI-Verordnung, zunimmt, erscheint es besonders bedeutsam, auch als einzelner Mitgliedsstaat mit fundierter und gefestigter Haltung auftreten zu können, die hinreichenden Rückhalt in der nationalen Bevölkerung genießt.[8] Haben Polizeibeschäftigte durch moderne Technologien Vorteile oder Verbesserungen für ihre Aufgabenerfüllung vor Augen, ist häufig vorstellbar, dass dahingehende Beschaffungen angestrebt und im Bedarfsfall eine Erweiterung polizeilicher Befugnisse durch den Gesetzgeber unterstützt wird. Fraglich ist, ob und inwieweit in einem solchen Entwicklungsprozess bereits eine hinreichende Möglichkeit zur Reflexion besteht bzw. etabliert werden kann, um diesen einer ausreichenden Kontrolle und gegebenenfalls auch einer laufenden Überprüfung zu unterziehen. Des Weiteren besteht die Gefahr, dass – aus dem Empfinden heraus, das Gesicht bzw. die eigene Glaubhaftigkeit wahren zu müssen – an neuen, etwa unter Überwindung politischen Widerstands geschaffenen polizeilichen Befugnisse oder kostenintensiven Anschaffungen festgehalten wird, selbst wenn sich herausstellen sollte, dass diese dem Praxistest nicht standhalten. Anzuraten wäre in diesem Zusammenhang zudem die konsequente Befassung – sowohl durch den Gesetzgeber als auch durch die Polizei – mit den dem jeweiligen Zeitgeist entsprechenden, grundlegenden Fragestellungen der Gesellschaft. Beispielsweise mehren sich in der Forschung kritische Anmerkungen zum augenscheinlichen wachsenden Sicherheitsbedürfnis der Gesellschaft gegenüber einer sich reduzierenden Akzeptanz bezüglich jedweder Risikosituation.[9] „[...] *[E]ffektiver als die Videoüberwachung einer Bank ist die Videoüberwachung der Verkehrswege mit intelligenten Kameras, die auffälliges Verhalten bereits auf dem Weg zur Bank zu erkennen [...] Der Wunsch nach hundertprozentiger Sicherheit führt dazu, dass Risiken möglichst umfassend ausgeräumt werden sollen. Weil das*

---

[7] BfDI, Thesenpapier zum Thema: Einsatz von Künstlicher Intelligenz im Bereich der Strafverfolgung und Gefahrenabwehr, S. 3.

[8] Vgl. Kniesel, Kriminalitätsbekämpfung durch Polizeirecht, S. 122 ff.

[9] Vgl. Derin/Singelnstein, Die Polizei, Helfer, Gegner, Staatsgewalt, S. 254 f.; Vgl. Bauman/ Lyon, Daten, Drohnen, Disziplin, S. 28 f.

Reservoir möglicher Risiken aber unendlich ist, mündet dieses Sicherheitsstreben in immer neuen Maßnahmen der Prävention und Vorsorge."[10] Dies führt dazu, dass zunehmend Straftatbestände und Befugnisse im Vorfeld von akuten Gefahrensituationen bzw. Schadenseintritten gefordert sowie auch gesetzlich umgesetzt werden.[11] *„Im Falle eines potenziellen terroristischen Anschlags soll nicht erst das Anbringen und Zünden des Sprengsatzes verhindert werden, sondern bereits dessen Konstruktion und der Erwerb der notwendigen Chemikalien. Im präventivlogischen Idealfall wird sogar schon erfasst, wenn irgendwo ein Entschluss gefasst, eine Bombenbauanleitung gelesen oder ein Plan entwickelt wird. Die konsequente Weiterführung dieses Vorfeldvorgehens besteht darin, schon bei der Entstehung einer Motivation oder einer ideologischen Radikalisierung anzusetzen. Damit richtet sich die Aufmerksamkeit schließlich auf Faktoren, die eine inhaltliche Radikalisierung unter Umständen begünstigen und infolgedessen dann später zu Anschlägen führen könnten, wie Sozialisation, Herkunft, Wohnort oder Musik."*[12]

Diese Entwicklung gilt es daher kritisch und wissenschaftlich begleitet zu vollziehen sowie etwaige gesetzliche Bestimmungen stets zu reflektieren, zu evaluieren und erforderlichenfalls anzupassen. Angesichts der derzeitigen rechtlichen Befugnisse ist in Bayern bislang keine anlasslose, flächendeckende Videoüberwachung mittels intelligenter ULS möglich. Gerade im Hinblick auf den Einsatz Künstlicher Intelligenz stellt sich – vor dem Hintergrund zahlreicher dystopischer Vorstellungen und Befürchtungen – trotz aller Möglichkeiten und Vorteile, auch die berechtigte Frage danach, wie viel „Maschine" den Menschen im Bereich der Gefahrenabwehr und Strafverfolgung „ersetzen" können bzw. dürfen soll und inwieweit Maschinen und Algorithmen beispielsweise bei bestehenden Rechtsunsicherheiten, überhaupt zuverlässig agieren können. Insgesamt sollte in der Diskussion bezüglich der Verwendung polizeilicher ULS sowie der Erforschung und Implementierung von intelligenter Videoüberwachung – soweit möglich – zwischen den der KI tatsächlich immanenten Problemstellungen sowie bereits vorher bestehenden Diskussionspunkten, differenziert werden. Wenn schon eine Befugnis oder ein Einsatzmittel per se umstritten oder nicht hinreichend rechtlich gefestigt bzw. gesellschaftlich akzeptiert ist, wird ein „Upgrade" der Maßnahme oder des Einsatzmittels mit Möglichkeiten der Künstlichen Intelligenz kaum geeignet sein, bereits vorher bestehende Vorbehalte oder Bedenken zu mildern.[13]

---

[10] Derin/Singelnstein, Die Polizei, Helfer, Gegner, Staatsgewalt, S. 255.

[11] Vgl. Derin/Singelnstein, Die Polizei, Helfer, Gegner, Staatsgewalt, S. 259 f., 308; Vgl. Kniesel, Kriminalitätsbekämpfung durch Polizeirecht, S. 61 f., S. 79 f., 264 f.

[12] Derin/Singelnstein, Die Polizei, Helfer, Gegner, Staatsgewalt, S. 308 f.

[13] Vgl. Hornung/Schindler, Das biometrische Auge der Polizei, S. 209.

Gerade mit Blick auf das Schlagwort der „*Überwachungsgesamtrechnung*"[14]
kann jedoch ein „Hinausschieben" von augenscheinlich wenig bedeutsamen einzelnen Fragestellungen dazu führen, dass dadurch zu einem späteren Zeitpunkt
die Rechtmäßigkeit polizeilicher Maßnahmen infolge einer unverhältnismäßigen
Summierung der Betroffenheit Unbeteiligter in Frage gestellt wird.

---

[14] BayLfD, Stellungnahme zum Gesetz zur Neuordnung des Bayerischen Polizeirechts
(PAG-Neuordnungsgesetz), S. 2.

Literaturverzeichnis

Amnesty International, Amnesty-Untersuchung zum Einsatz von Gesichtserkennungstechnologie in Hebron und Ost-Jerusalem, 02.05.2023, https://www.amnesty.de/inform ieren/aktuell/israel-besetze-palaestinensische-gebiete-gesichtserkennung, zuletzt abgerufen am 06.02.2024

Assion, Simon, Überwachung und Chilling Effects, in: Telemedicus e. V. (Hrsg.), Überwachung und Recht, Tagungsband zur Telemedicus Sommerkonferenz 2014, Telemedicus-Schriftenreihe, Band 1, epubli GmbH Berlin, file:///C:/Users/Jul/ Downloads/Ueberwachung-und-Recht-Tagungsband-Soko14.pdf, zuletzt abgerufen am 07.02.2024, S. 31–82

Bauman, Zygmunt/**Lyon**, David, Daten, Drohnen, Disziplin, Ein Gespräch über flüchtige Überwachung, 4. Auflage, Suhrkamp Verlag Berlin, 2018

Bayerischer Landesbeauftragter für den Datenschutz (BayLfD), Stellungnahme zum Gesetz zur Neuordnung des Bayerischen Polizeirechts (PAG-Neuordnungsgesetz); Verbandsanhörung, 21.12.2017, https://www.datenschutz-bayern.de/1/PAG-Stellungnahme. pdf, zuletzt abgerufen am 07.02.2024

Bayerischer Landesbeauftragter für den Datenschutz (BayLfD), 29. Tätigkeitsbericht 2019, Ziff. 3.5 Polizei- und Verfassungsschutz, https://www.datenschutz-bayern.de/tbs/ tb29/k3.html, zuletzt abgerufen am 07.02.2024

Bayerischer Landesbeauftragter für den Datenschutz (BayLfD), 32. Tätigkeitsbericht 2022, Ziff. 1.1.1.4. Insbesondere: Diskussion um eine KI-Verordnung, https://www.dat enschutz-bayern.de/tbs/tb32/k1.html#1.1.1.4, zuletzt abgerufen am 14.01.2024

Bayerisches Staatsministerium des Innern, für Sport und Integration, Einladung – Herrmann besucht Koordinierungsstelle Video der Bayerischen Polizei am Flughafen München, https://www.stmi.bayern.de/med/pressemitteilungen/pressearchiv/2021/ 205/index.php, 13.08.2021, zuletzt abgerufen am 07.02.2024

Bäcker, Matthias/**Denninger**, Erhard/**Graulich**, Kurt (Hrsg.), Lisken/Denninger, Handbuch des Polizeirechts, Gefahrenabwehr – Strafverfolgung – Rechtsschutz, 7. Auflage, Verlag C.H.Beck oHG, 2021, München

Bemmelen, Marvin, Kontrolle von Oben. Rechtliche Aspekte bei Polizeieinsätzen mit Drohnen, Akademische Arbeit, GRIN Verlag, 2017

© Der/die Herausgeber bzw. der/die Autor(en), exklusiv lizenziert an Springer Fachmedien Wiesbaden GmbH, ein Teil von Springer Nature 2024
J. Rippl, *Die Polizei und ihre Unterstützung aus der Luft*, BestMasters,
https://doi.org/10.1007/978-3-658-46422-6

Benöhr-Laqueur, Susanne, 2018 – das Jahr, in dem die deutsche Polizei erstmals Drohnen gegen Gefährder einsetzte: Anmerkungen zu Art. 47 Bayerisches Gefahrenabwehrgesetz (PAG), in: Karlsruher Institut für Technologie/Institut für Technikfolgenabschätzung und Systemanalyse (Hrsg.), Drohnen in ziviler und militärischer Nutzung, Zeitschrift für Technikfolgenabschätzung in Theorie und Praxis (TATuP), 2018, Band 27, Heft 3, oekom Verlag, https://www.tatup.de/index.php/tatup/article/view/167, zuletzt abgerufen am 03.02.2024, S. 14–19

Biermann, Kai/**Wiegold**, Thomas, Drohnen, Chancen und Gefahren einer neuen Technik, Christoph Links Verlag GmbH, 1. Auflage, 2015, Berlin

Bliesener, Thomas/**Neumann**, Merten/**Glaubitz**, Christoffer/**Kudlacek**, Dominic, Videobeobachtung zwischen Skepsis und Akzeptanz. Soziodemografische Einflüsse auf die Einstellung zur polizeilichen Videobeobachtung im öffentlichen Raum, in: Ruch, Andreas/ Singelnstein, Tobias (Hrsg.), Auf neuen Wegen, Kriminologie, Kriminalpolitik und Polizeiwissenschaft aus interdisziplinärer Perspektive, Festschrift für Thomas Feltes zum 70. Geburtstag, Schriften zum Strafrecht, Band 366, Duncker & Humblot GmbH, 2021, Berlin, S. 29–41

Buckler, Julius, (Verfassungs-)Rechtliche Rahmenbedingungen für den polizeilichen Einsatz sog. „Drohnen", in: Bäcker, Matthias/Dietrich, Jan-Hendrik/Gärditz, Klaus Ferdinand u. a. (Hrsg.), Zeitschrift für das Gesamte Sicherheitsrecht (GSZ), 2. Jahrgang, 2019, Heft 1, 15.02.2019, S. 23–28

Bundesamt für Sicherheit in der Informationstechnik (BSI), Biometrie als KI-Anwendungsfeld, o. D., https://www.bsi.bund.de/DE/Themen/Unternehmen-und-Organi sationen/Informationen-und-Empfehlungen/Kuenstliche-Intelligenz/Biometrie/biomet rie_node.html, zuletzt abgerufen am 03.02.2024

Bundesamt für Sicherheit in der Informationstechnik (BSI), Künstliche Intelligenz, Definitionen: Künstliche Intelligenz und KI-Systeme, o. D., https://www.bsi.bund.de/ DE/Themen/Unternehmen-und-Organisationen/Informationen-und-Empfehlungen/Kue nstliche-Intelligenz/kuenstliche-intelligenz_node.html#doc451100bodyText7, zuletzt abgerufen am 07.02.2024

Bundesbeauftragte für den Datenschutz und die Informationsfreiheit (BfDI), 26. Tätigkeitsbericht zum Datenschutz für die Jahre 2015 und 2016, 30.05.2017, https://www. bfdi.bund.de/SharedDocs/Downloads/DE/Taetigkeitsberichte/26TB_15_16.html, zuletzt abgerufen am 03.02.2024

Bundesbeauftragter für den Datenschutz und die Informationsfreiheit (BfDI), Thesenpapier des Bundesbeauftragten für den Datenschutz und die Informationsfreiheit zum Thema: Einsatz von Künstlicher Intelligenz im Bereich der Strafverfolgung und Gefahrenabwehr, 23.03.2022, Bonn, https://www.bfdi.bund.de/SharedDocs/Downloads/ DE/Konsultationsverfahren/2_KI-Strafverfolgung/Positionspapier-KI-Erstversion.pdf?_ _blob=publicationFile&v=7, zuletzt abgerufen am 03.02.2024

Bundesministerium des Innern und für Heimat, Projekt zur Gesichtserkennung erfolgreich, Testergebnisse veröffentlicht – Systeme haben sich bewährt, Pressemitteilung, https://www.bmi.bund.de/SharedDocs/pressemitteilungen/DE/2018/10/gesichtse rkennung-suedkreuz.html, 11.10.2018, zuletzt abgerufen am 03.02.2024

Bundesministerium für Wirtschaft und Klimaschutz, Rahmen für Künstliche Intelligenz in der EU steht: KI-Verordnung einstimmig gebilligt, Gemeinsame Pressemitteilung mit dem Bundesministerium der Justiz, 02.02.2024, https://www.bmwk.de/Redaktion/ DE/Pressemitteilungen/2024/02/20240202-rahmen-fur-kunstliche-intelligenz-in-der-eu- steht-ki-verordnung-einstimmig-gebilligt.html, zuletzt abgerufen am 05.02.2024

Bundespolizeipräsidium Potsdam, Abschlussbericht, Teilprojekt 1 „Biometrische Gesichtserkennung" des Bundespolizeipräsidiums im Rahmen der Erprobung von Systemen zur intelligenten Videoanalyse durch das Bundesministerium des Innern, für Bau und Heimat, das Bundespolizeipräsidium, das Bundeskriminalamt und die Deutsche Bahn AG am Bahnhof Berlin Südkreuz im Zeitraum vom 01.08.2017–31.07.2018, in: Bundespolizei, Projekt zur Gesichtserkennung erfolgreich: Testergebnisse veröffentlicht, 11.10.2018, https://www.bundespolizei.de/Web/DE/04Aktuelles/01Meldungen/2018/10/ 181011_abschlussbericht_gesichtserkennung.html, zuletzt abgerufen am 03.02.2024

Busche, Daniel, Einführung in die Rechtsfragen der künstlichen Intelligenz, in: Maihold, Dieter/ Wolf, Christian/von Heintschel-Heinegg, Bernd u. a. (Hrsg.), Juristische Arbeits- blätter (JA), 55. Jahrgang, 2023, Heft 6, 19.05.2023, S. 441–446

Brandstetter, Nicole, Zukunftsperspektiven für Gesellschaft und Politik, in: Brandstetter, Nicole/Dobler, Ralph-Miklas/Ittstein, Daniel Jan, Künstliche Intelligenz – Interdiszipli- när, UVK Verlag, 2020, München, S. 87–97

Christlich-Soziale Union in Bayern e. V. (CSU), Zentrale Stellung für moderne, luftge- stützte, Polizeiarbeit, https://www.volkerbauer.info/zentrale-stimmung-fuer-moderne-luf tgestuetzte-polizeiarbeit/, o. D., zuletzt abgerufen am 04.02.2024

Datenschutzkonferenz (DSK), Öffentlich geförderte Forschungsprojekte zur Entde- ckung abweichenden Verhaltens im öffentlichen Raum – nicht ohne Datenschutz, Entschließung der 83. Konferenz der Datenschutzbeauftragten des Bundes und der Länder, 21./22.03.2012, Potsdam, https://www.bfdi.bund.de/SharedDocs/Downloads/ DE/DSK/DSKEntschliessungen/83DSK_Forschungsprojekte.pdf?__blob=publicationF ile&v=5, zuletzt abgerufen am 04.02.2024

Datenschutzkonferenz (DSK), Einsatz von Videokameras zur biometrischen Gesichts- erkennung birgt erhebliche Risiken, Entschließung der Konferenz der unabhängigen Datenschutzaufsichtsbehörden des Bundes und der Länder, 30.03.2017, Göttingen, https://www.datenschutzkonferenz-online.de/media/en/20170330_en_gesichtserke nnung.pdf, zuletzt abgerufen am 04.02.2024

Datenschutzkonferenz (DSK), Hambacher Erklärung zur Künstlichen Intelligenz, Sieben datenschutzrechtliche Anforderungen, Entschließung der 97. Konferenz der unabhän- gigen Datenschutzaufsichtsbehörden des Bundes und der Länder, 03.04.2019, Hamba- cher Schloss, https://www.bfdi.bund.de/SharedDocs/Downloads/DE/DSK/DSKEntschlie ssungen/97DSK_HambacherErklaerung.html, zuletzt abgerufen am 04.02.2024

Derin, Benjamin/**Singelnstein,** Tobias, Die Polizei, Helfer, Gegner, Staatsgewalt, Inspektion einer mächtigen Organisation, Ullstein Buchverlage GmbH, 2022, Berlin

Dobler, Ralph-Miklas, Mensch und Maschine, in: Brandstetter, Nicole/Dobler, Ralph- Miklas/Ittstein, Daniel Jan, Künstliche Intelligenz – Interdisziplinär, UVK Verlag, 2020, München, S. 27–37

Eck, Gerhard (Bayerisches Staatsministerium des Innern, für Bau und Verkehr), Beant- wortung der schriftlichen Anfrage des Herrn Abgeordneten Markus Rinderspacher vom 21.12.2017 betreffend Drohnen in Bayern, 19.03.2018, IIE7-3711.2-2-3-2, https://bay ernspd-landtag.de/workspace/media/static/rinderspacher-2797-i-5b0a69925ca2b.pdf, zuletzt abgerufen am 06.02.2024

Ehmann, Eugen/**Selmayr**, Martin (Hrsg.), Beck'sche Kurz-Kommentare, DS-GVO, Datenschutz-Grundverordnung, Kommentar, 2. Auflage, Verlag C. H. Beck oHG, 2018, München

Englisch, Roland, Neues Auge des Gesetzes, Videoüberwachung mit Drohnen: Wenn die Polizei mit dem Ballon kommt, nordbayern, https://www.nordbayern.de/region/videouberwachung-mit-drohnen-wenn-die-polizei-mit-dem-ballon-kommt-1.11292039, 17.08.2021, zuletzt abgerufen am 05.02.2024

Epping, Volker/**Hillgruber**, Christian (Hrsg.), Beck'scher Onlinekommentar (BeckOK), Grundgesetz, 56. Edition, Stand 15.08.2023, C.H.Beck, 2023, München

Europäische Kommission, Artificial Intelligence – Questions and Answers*, 12.12.2023, https://ec.europa.eu/commission/presscorner/detail/en/QANDA_21_1683, zuletzt abgerufen am 06.02.2024

Europäische Kommission, Kommission begrüßt politische Einigung über das Gesetz über künstliche Intelligenz, Pressemitteilung, 09.12.2023, Brüssel, auf Deutsch verfügbar, https://ec.europa.eu/commission/presscorner/detail/de/ip_23_6473, zuletzt abgerufen am 02.02.2024

Europäisches Parlament, KI-Gesetz: erste Regulierung der künstlichen Intelligenz, 08.06.2023 (Erstellung), 18.12.2023 (Aktualisierung), https://www.europarl.europa.eu/news/de/headlines/society/20230601STO93804/ki-gesetz-erste-regulierung-der-kunstlichen-intelligenz, zuletzt abgerufen am 02.02.2024

Europäisches Parlament, Was ist künstliche Intelligenz und wie wird sie genutzt?, 14.09.2020 (Erstellung), 20.06.2023 (Aktualisierung), https://www.europarl.europa.eu/news/de/headlines/society/20200827STO85804/was-ist-kunstliche-intelligenz-und-wie-wird-sie-genutzt, zuletzt abgerufen am 06.02.2024

Gusy, Christoph, Polizei- und Ordnungsrecht, 10. Auflage, Mohr Siebeck, 2017, Tübingen

Heldt, Amélie P., Gesichtserkennung: Schlüssel oder Spitzel? Einsatz intelligenter Gesichtserfassungssysteme im öffentlichen Raum, in: Auer-Reinsdorff, Astrid/Castendyk, Oliver/Forgó, Nikolaus u. a. (Hrsg.), Multimedia und Recht – Zeitschrift für IT-Recht und Recht der Digitalisierung (MMR), 22. Jahrgang, 2019, Heft 5, 01.05.2019, 285–289

Hensen, Christian, Das Knöllchen kommt von oben, Mitten über der A2: Polizei kontrolliert Verkehrssünder mit Drohnen, stern, https://www.stern.de/digital/technik/polizei-kontrolliert-verkehrssuender-mit-drohnen-32526138.html, 09.07.2022, zuletzt abgerufen am 04.02.2024

Herrmann, Joachim, Rede des Bayerischen Staatsministers des Innern, für Sport und Integration anlässlich der Pressekonferenz in Roth zum Thema „Drohnen bei der Bayerischen Polizei", Bayerisches Staatsministerium des Innern, für Sport und Integration, https://www.stmi.bayern.de/assets/stmi/med/reden/rede_m_zur_pk_drohnen_bei_der_bayerischen_polizei_am_16.07.2021_in_roth.pdf, 16.07.2021, zuletzt abgerufen am 06.02.2024

Hornung, Gerrit/ **Schindler**, Stephan, Das biometrische Auge der Polizei, Rechtsfragen des Einsatzes von Videoüberwachung mit biometrischer Gesichtserkennung, in: Hoeren, Thomas/Schneider, Jochen/Selmayr, Martin u. a. (Hrsg.), Zeitschrift für Datenschutz (ZD), 7. Jahrgang, 2017, Heft 5, 01.05.2017, S. 203–209

International Working Group on Data Protection in Telecommunications, Arbeitspapier zum Datenschutz bei Überwachung aus der Luft, Übersetzung, 54. Sitzung, 2.–3.

September 2013, Berlin, https://www.bfdi.bund.de/SharedDocs/Downloads/DE/Berlin-Group/20130903_AP_%C3%9CberwachungLuft.html, zuletzt abgerufen am 07.02.2024

Ittstein, Daniel Jan, Künstliche Intelligenz – eine Standortbestimmung, in: Brandstetter, Nicole/Dobler, Ralph-Miklas/Ittstein, Daniel Jan, Künstliche Intelligenz, Interdisziplinär, UVK Verlag, 2020, München, S. 38–46

Klar, Manuel, Der Rechtsrahmen des Datenschutzrechts für Visualisierungen des öffentlichen Raums, Ein taugliches Konzept zum Schutz der Betroffeneninteressen?, in: Beese, Dietrich/Belz, Dorothee/ Bertrams, Michael, u. a. (Hrsg.), Multimedia und Recht – Zeitschrift für IT-Recht und Recht der Digitalisierung (MMR), 15. Jahrgang, 2012, Heft 12, S. 788–795

Kniesel, Michael, Kriminalitätsbekämpfung durch Polizeirecht, Verhinderung und Verhütung von Straftaten, in: Thiel, Markus (Hrsg.), Das Recht der inneren und äußeren Sicherheit, Band 17, Duncker & Humblot GmbH, 2022, Berlin

Koranyi, Johannes/**Singelnstein**, Tobias, Rechtliche Grenzen für polizeiliche Bildaufnahmen von Versammlungen, in: Ewer, Wolfgang/Hamm, Rainer/Maier-Reimer, Georg u. a. (Hrsg.), Neue Juristische Wochenschrift (NJW), 64. Jahrgang, 2011, 13.01.2011, Heft 3, S. 124–128

Krumm, Malte, Polizeiliche Drohnenüberwachung einer Versammlung, Anmerkung zum Urteil des VG Freiburg vom 29.7.2021, 10 K 4722/19, in: Auer-Reinsdorff, Astrid/Forgó, Nikolaus/Gierschmann, Sibylle u. a. (Hrsg.), Multimedia und Recht (MMR), 2021, Heft 12, S. 1018–1020

Krumm, Malte, Hinweispflicht bei polizeilichem Drohneneinsatz anlässlich eines Fußballspiels, Anmerkung zum Urteil des VG Sigmaringen vom 20.10.2020, 14 K 7613/18, in: Hoeren, Thomas/Schneider, Jochen/Selmayr, Martin u. a. (Hrsg.) Zeitschrift für Datenschutz (ZD), 11. Jahrgang 2021, Heft 6, 335–336

Lauscher, Anne/**Legner**, Sarah, Künstliche Intelligenz und Diskriminierung, in: Beck, Susanne/Hoven, Elisa/Jungbluth, Armin u. a. (Hrsg.), Zeitschrift für Digitalisierung und Recht (ZfDR), 2. Jahrgang, 2022, Heft 4, S. 367–390

Meier, Christian J., Künstliche Intelligenz, Drohnen auf Patrouille, Süddeutsche Zeitung, https://www.sueddeutsche.de/wissen/drohnen-grenzkontrolle-ki-ueberwachen-1.5726112?reduced=true, 04.01.2023, zuletzt abgerufen am 04.02.2024

Monroy, Matthias, Heliumballon, Drohnen und Videoanhänger, Bayern rüstet Polizei bei der Luftüberwachung auf, NETZPOLITIK.ORG, https://netzpolitik.org/2021/heliumballon-drohnen-und-videoanhaenger-bayern-ruestet-polizei-bei-der-luftueberwachung-auf/#netzpolitik-pw, 18.08.2021, zuletzt abgerufen am 05.02.2024

Möllers, Martin H. W. (Hrsg.), Wörterbuch der Polizei, 3. Auflage, Verlag C. H. Beck oHG, 2018, München

Möstl, Markus/**Kugelmann**, Dieter (Hrsg.), Beck'scher Online-Kommentar (BeckOK), Polizei- und Ordnungsrecht Nordrhein-Westfalen, 27. Edition, Stand: 01.11.2023, C.H.BECK, 2023, München

Möstl, Markus/**Schwabenbauer**, Thomas (Hrsg.), Beck'scher Online-Kommentar (BeckOK), Polizei- und Sicherheitsrecht Bayern, 23. Edition, Stand: 01.10.2023, C.H.BECK, 2023, München

Möstl, Markus/**Weiner**, Bernhard (Hrsg.), Beck'scher Online-Kommentar (BeckOK), Polizei- und Ordnungsrecht Niedersachsen, 29. Edition, Stand: 01.11.2023, C.H.BECK, 2023, München

Müller-ter Jung, Marco/**Rexin,** Lewin, Datenschutz beim polizeilichen Drohneneinsatz, Die paradoxen Hürden polizeilicher Observation durch Drohnen, in: Ehmann, Eugen und DGRI e. V. (Hrsg.), Computer und Recht (CR), Zeitschrift für die Praxis des Rechts der Informationstechnologie, 35. Jahrgang, Heft 10, Verlag Dr. Otto Schmidt KG, 2019, S. 643–654

Naujokat, Anita, Überwachung aus der Luft, Das schwebende Auge der Polizei, Süddeutsche Zeitung, 30.03.2022, https://www.sueddeutsche.de/muenchen/muenchen-ueb erwachungsballon-iaa-polizei-datenschutz-g-7-gipfel-1.5556997, zuletzt abgerufen am 05.02.2024

Newsdienst ZD-Aktuell, CNIL veröffentlicht Leitlinie zum Datenschutz bei KI-Entwicklung und -Forschung, Nachrichten von Behörden und Verbänden, 06.11.2023, Heft 19/2023

niederbayernTV Landshut, Bayerns Innenminister Joachim Herrmann besucht Koordinierungsstelle Video der Bayerischen Polizei am Flughafen München, https://landshut.nie derbayerntv.de/mediathek/video/bayerns-innenminister-joachim-herrmann-besucht-koo rdinierungsstelle-video-der-bayerischen-polizei-am-flughafen-muenchen/, 19.08.2021, zuletzt abgerufen am 06.02.2024

Peters, Wilfried/**Janz,** Norbert (Hrsg.), Handbuch Versammlungsrecht, Versammlungsfreiheit, Eingriffsbefugnisse, Rechtsschutz, 2. Auflage, Verlag C.H. Beck oHG, 2021, München

Rademacher, Timo/ **Perkowski,** Lennart, Staatliche Überwachung, neue Technologien und die Grundrechte, in: Huber, Michael/ Lorenz, Stephan/Rönnau, Thomas u. a. (Hrsg.), Juristische Schulung – Zeitschrift für Studium und Referendariat (JuS), 60. Jahrgang, 2020, 28.07.2020, Heft 8, 713–720

Reichertz, Jo, Automatisierung der Sicherheit in Fußballstadien durch Kamerasysteme?, in: Ruch, Andreas/Singelnstein, Tobias (Hrsg.), Auf neuen Wegen, Kriminologie, Kriminalpolitik und Polizeiwissenschaft aus interdisziplinärer Perspektive, Festschrift für Thomas Feltes zum 70. Geburtstag, Schriften zum Strafrecht, Band 366, Duncker & Humblot GmbH, 2021, Berlin, S. 223–234

Ritter, Frank/**Denker,** Hauke, Unbemannte Luftfahrtsysteme im Polizeieinsatz, in: GdP Gewerkschaft der Polizei, Bundesgeschäftsstelle Berlin (Hrsg.), Die Kriminalpolizei, Zeitschrift der Gewerkschaft der Polizei, Ausgabe 1/2023, Verlag Deutsche Polizeiliteratur GmbH, Hilden, S. 5–9, https://www.kriminalpolizei.de/downloads/Kripo_1_2023. pdf, zuletzt abgerufen am 05.02.2024

Roggan, Fredrik, Der Einsatz von Video-Drohnen bei Versammlungen, Verdeckte und andere nicht erkennbare Datenerhebungen im Gewährleistungsbereich von Art. 8 I GG, in: Breuer, Rüdiger/Burgi, Martin/Christ, Josef u. a. (Hrsg.), Neue Zeitschrift für Verwaltungsrecht (NVwZ), 30. Jahrgang, 2011, Heft 10, 30.05.2011, S. 590–595

Schindler, Stephan, Noch einmal: Pilotprojekt zur intelligenten Videoüberwachung am Bahnhof Berlin Südkreuz, in: Newsdienst ZD-Aktuell, 7. Jahrgang, 2017, Heft 17, 12.10.2017, 05799

Schmidbauer, Wilhelm/**Steiner,** Udo, Polizeiaufgabengesetz, Polizeiorganisationsgesetz, Kommentar, 6. Auflage, Verlag C. H. Beck oHG, 2023, München

Schmidt, Marius, Aktuelle Befugnisnormen polizeilicher Drohnenaufklärung in Nordrhein-Westfalen, in: Basten, Pascal/Klein, Martin (Hrsg.), Beiträge zum Eingriffsrecht, Band 2, Verlag für Polizeiwissenschaft, 2022, Frankfurt, S. 135–158

Schneider, Jana/**Schindler**, Stephan, „Intelligente Videoüberwachung" in Baden-Württemberg, in: Newsdienst ZD-Aktuell, 7. Jahrgang, 2017, Heft 21, Nachrichten aus dem ITeG, 18.12.2017

Seidensticker, Kai, Zur Notwendigkeit von Polizeiforschung: Theorie und Praxis polizeilicher Fehlerkultur, in: Klukkert, Astrid/Reichertz, Jo/Feltes, Thomas (Hrsg.), Torn between Two Targets, Polizeiforschung zwischen Theorie und Praxis zum Gedenken an Thomas Ohlemacher, Schriftenreihe Polizieren. Polizei, Wissenschaft und Gesellschaft, Band 10, Verlag für Polizeiwissenschaft, 2019, Frankfurt, S. 63–76

Stehr, Michael, Unbemannte Systeme und Cyber-Operationen, Streitkräfte und Konflikte im 21. Jahrhundert – Eine Einführung, Technologie und Mensch, Auswirkungen auf Streitkräfte, Konflikt und Krise, Völkerrechtliche Fragestellungen, Ethische Fragestellungen, Mittler im Maximilian Verlag GmbH & Co. KG, 2020, Hamburg

Teubert, Jürgen, Eingriffsrecht Bayern, Polizeiliche Befugnisse zur Datenverarbeitung, Verlag Deutsche Polizeiliteratur GmbH, 2019, Hilden/Rhld.

Tomerius, Carolyn, „Drohnen" zur Gefahrenabwehr – Darf die Berliner Polizei nach jetziger Rechtslage Drohnen präventiv-polizeilich nutzen?, in: Becker, Oliver/Brenner, Michael/Buchheister, Joachim u. a. (Hrsg.), Landes- und Kommunalverwaltung (LKV), 30. Jahrgang 2020, 01.11.2020, Heft 11, S. 481–489

Weichert, Thilo, Drohnen und Datenschutz, Bedrohungspotenzial und Gesetzgebungsbedarf bei der Beobachtung von oben, in: Hoeren, Thomas/Schneider, Jochen/Selmayr, Martin u. a. (Hrsg.), Zeitschrift für Datenschutz (ZD), 2. Jahrgang 2012, Heft 11, S. 501–504

Wolff, Heinrich Amadeus/**Brink**, Stefan/**v. Ungern-Sternberg**, Antje (Hrsg.), Beck'scher Online-Kommentar (BeckOK), Datenschutzrecht, DS-GVO, DGA, BDSG. Datenschutz und Datennutzung, 46. Edition, Stand: 01.11.2023, C.H.Beck, 2023, München

zdfheute, Neue Technologie, Verkehrskontrollen aus der Luft – per Drohne, zdfheute, https://www.zdf.de/nachrichten/digitales/verkehrskontrolle-drohnen-polizei-autos-100. html, 12.06.2022, zuletzt abgerufen am 04.02.2024

Zierer, Maximilian/ **Harlan**, Elisa/**Kartheuser**, Boris/**Schöffel**, Robert, Bund kippt Palantir-Software: Bayern steht fast alleine da, BR24, 30.06.2023, https://www.br. de/nachrichten/deutschland-welt/kein-bundesweiter-einsatz-von-palantir-software,TiZ xyWZ, zuletzt abgerufen am 07.02.2024

Zöller, Mark/**Ihwas**, Saleh, Rechtliche Rahmenbedingungen des polizeilichen Flugdrohneneinsatzes, in: Breuer, Rüdiger/Burgi, Martin/Christ, Josef u. a. (Hrsg.), Neue Zeitschrift für Verwaltungsrecht (NVwZ), 2014, Heft 7, S. 408–414

Zöller, Mark, Möglichkeiten und Grenzen polizeilicher Videoüberwachung, in: Breuer, Rüdiger/Dolde, Klaus-Peter/Finkelnburg, Klaus u. a. (Hrsg.), Neue Zeitschrift für Verwaltungsrecht (NVwZ), 24. Jahrgang, 2005, Heft 11, 15.11.2005, S. 1235–1241

Printed in the United States
by Baker & Taylor Publisher Services

Printed in the United States
by Baker & Taylor Publisher Services